인생에서 무언가 중요한 결정을 앞둔 사람을 위한 책

오늘 아무것도
결정하지 못하고
밤을 맞은 사람에게

어느 오후 스쳐지나는 바람이 들려주는 이야기

김주호 지음

지성과문학

오늘 아무것도 결정하지 못하고 밤을 맞은 사람에게

어느 오후 스쳐지나는 바람이 들려주는 이야기

인생에서 무언가 중요한 결정을 앞둔 사람을 위한 책

오늘 아무것도 결정하지 못하고 밤을 맞은 사람에게
어느 오후 스쳐지나는 바람이 들려주는 이야기

김주호

지성과문학

✿ 오늘 아무것도 결정하지 못하고 밤을 맞은 사람에게

1. 인식의 세가지 단계　　　　　　　　　　　11
2. 오인　　　　　　　　　　　　　　　　　17
3. 수용적 변화와 창조적 변화　　　　　　　22
4. 반사회적 동물　　　　　　　　　　　　　28
5. 집단 중심적 삶의 세가지 과(過)　　　　　33
6. 인류 생존의 역사　　　　　　　　　　　39
7. 인식에서 행동으로　　　　　　　　　　　44
8. 비발디적 명랑함　　　　　　　　　　　　49
9. 의지의 부정　　　　　　　　　　　　　　53
10. 어리석은 현명함　　　　　　　　　　　60
11. 겸손의 문　　　　　　　　　　　　　　65
12. 고귀한, 그리고 인간적인　　　　　　　　71
13. 노예의 투쟁과 자유인의 투쟁　　　　　　76
14. 의지의 변형과 통합　　　　　　　　　　81
15. 자연 상태와 식물원　　　　　　　　　　87
16. 신이 사랑하는 자　　　　　　　　　　　91
17. 존재의 실체　　　　　　　　　　　　　95
18. 참과 진리　　　　　　　　　　　　　　99
19. 삶의 황폐함　　　　　　　　　　　　106
20. 인도자를 위한 지식　　　　　　　　　110

오늘 아무것도 결정하지 못하고 밤을 맞은 사람에게

어느 오후 스쳐지나는 바람이 들려주는 이야기

오늘 아무것도 결정하지 못하고 밤을 맞은 사람에게

1. 인식의 세가지 단계

[인식이란 무엇이며, 우리 인식 단계는 어떻게 구분되는가.]

- 인식이 투명해지는 증거는 타자(他者)의 생각이 나와 다른 것이 아니라, 내 생각의 일부로 느껴진다는 것이다. 자연스럽게 타자(他者)를 존중하게 된다.

- 타자(他者)와 대립할 때 느끼는 나는, 말 그대로 타자(他者)와의 대립체일 뿐이다. 그것을 [나]라고 생각함으로써 좀 더 [나]로부터 멀어진다.

- 타자(他者)를 수용하기 시작하면 인식은 급격히 증가한다. 그런데 그 속에서 [나]를 잃지 않기란 쉽지 않다. 너무 많은 독서도 좋지 않다.

- [나]는 말 그대로 [나]라서 아무리 대상(對象)을 공부하고 타자(他者)를 관찰해도 [나]를 알 수 없다. [나]를 알려면 나를 보아야 한다.

- [나만의 창조적 사유 공간](철학) 없이 [나]를 찾고 있다고 이야기할 수 없다. 그러나 걱정할 필요 없다. 이미 모두, 다 가지고 있다.

- [나]를 찾으려면 인식의 높은 산들을 넘어야 한다. 그렇다고 그곳에 도취하여 높은 산 위에 머무르면 안 된다.

어느 오후 스쳐지나는 바람이 들려주는 이야기

인식이 투명성을 갖기 위해서는 자신 이외의 어떤 인식에 의해서도 자신의 인식이 변화되지 않는 고요한 인식 상태가 필요하다. 투명한 인식은 타인의 인식 상태가 자신에게 수용되는 과정에서 타인의 인식에 대한 거부 및 변형이 필요 없어서, 사람들과의 생각 교류 중에 필연적으로 발생하는 생각의 굴절 현상을 사라지게 한다. 이렇게 인간의 인식이 투명해지는 과정은 자신의 인식 공간에 수용되는 타인의 인식을 거부하는 [배척 단계]로부터, 이 인식을 자신의 인식에 맞추어 변화, 수용시키는 [수용 단계] 그리고 인간 일반의 인식을 통합, 성찰할 수 있는 [통합 단계]를 거친다.

우리는 보통, 자신이 경험하고 사유한 자신의 인식 세계가 타인으로부터 영향받는 것을 거부한다. 이는 자신의 인식 상태가 불완전하기 때문에 타인의 인식에 의해 자신의 인식 세계가 파괴되어, 지금까지의 자신의 삶을 떠받치던 사유 체계가 파괴될 수도 있다는 위험을 직감하기 때문이다. 그러므로 [배척 단계]의 우리 인간 일반은 자신의 삶을 유지하기 위해, 본능적으로 타인의 생각을 거부한다. 그리고 이 거부 반응은 많은 사람에게서 발견된다. 이것이 사람들이 서로 대립하게 되는 이유이다. 그런데 우리가 사물의 본질을 탐구하려고 하고 자신에게서 자기 존재 의미를 성찰하려고 노력하기 시작하면, 드디어 그는 타인의 인식을 자기 삶 속에 수용하여, 삶을 새롭게 구성하기 시작한다. 우리는 이 수용 속에서 생각하지 못한 희열을 느낀다.

오늘 아무것도 결정하지 못하고 밤을 맞은 사람에게

[수용 단계]의 우리 인간 일반은 타자(他者)로부터의 인식을 탐구, 자기화시키는 데 열중하게 되며, 타자(他者) 인식을 자기 인식 향상을 위한 작용자 역할로 두기도 한다. 이로부터 우리 인간은 자신 삶의 의미가 타자(他者)와의 조화 속에서 구성되는 것으로 확신하게 된다. 그러나 많은 사람이 [수용 단계]의 완성에 도달하지 못한다. 보통, 시간이 오래 걸리는 일이다.

타자(他者)인식 [수용 단계]가 지속함에 따라, 사유 공간이 구성하는 삶의 공간은 타자(他者)의 인식에서 완전한 독립임을 알게 된다. 이는 타자(他者)를 수용하되, 드디어 자신이 영향을 받지 않게 되는 상태이다. 또한 타자(他者)의 인식을 수용하여 자신의 삶을 확대했다고 사유했던 것이 본래 자신의 사유 공간의 작용이었음을 인식, 성찰함으로써 이제 새로운 인식단계로 들어서게 된다. 타자(他者)를 계속 수용함으로써, 드디어 사람들이 나와 그렇게 다르지 않다는 것도 알게 된다. 즉 나는 타자(他者)의 인식에서 영향받지 않는다는 것과 타자(他者) 인식이 나와 다르지 않음을 사유한다. 이 투명한 [통합의 단계]에서 우리 인간 일반은 타자(他者) 인식을 변형 없이 그대로 통합하여, 그것을 자신의 사유 공간에서 수행하는 인식 통합 성찰 과정으로 받아들일 수 있게 된다.

그러나 어려운 과정이 더 남아 있다. 투명한 통합 인식은 사유 공간을 스스로 창조해야 하며, 이를 위해 그는 새로운 인식 세계로부터 단순히 자신을 통합 변화시키는 것이 아니라, 자신의 사유

어느 오후 스쳐지나는 바람이 들려주는 이야기

공간 속에 나만의 인식 세계를 창조해야 한다는 것이다. 이를 위해 다양한 인식을 수용할 수 있는 [창조적 개별 사유 공간]을 소유해야 한다. 많은 사유 시간을 필요로 하는 이유이다. 그러나 이 창조적 개별 사유 공간은 인간 일반에게 삶의 가치 혼돈에서 벗어나게 하는 숨겨진 비밀의 길을 제시할 수 있다. 왜냐하면, 이 창조적 개별 무한 사유 공간은 많은 타자(他者)들을 수용하고 포용하는 공간이고 그들의 가치를 모두 포함하여, 인간 일반 삶의 가치 진리 를 재창조하기 때문이다. 그러므로 이 통합 사유 공간은 보편타당한 존재, [나]에 가장 가깝다.

　　우리는 실존 [나]를 발견하기 위한 네 번째 조건으로 인식의 투명성을 제시했다. 이제 인식의 투명성을 확보하기 위한 실제적인 방법을 사유한다. 그것은 타자(他者)에 대한 배척을 벗어나고, 타인에 대한 수용을 소중히 여기면서, 그들의 사유를 자신과 통합하는 과정을 포함한다. 우리가 한 사람을 친구로서 처음 만나게 되었을 때를 생각해 보자. 처음 [배척 단계]를 뛰어넘는 계기를 맞으면, 진정한 친구로서 그를 받아들이는 [수용 단계]로 넘어설 것이다. 보통 우리는 배척과 수용 단계를 반복하면서 관계를 이어간다. 여기까지는 우리 모두 경험한다. 그럼, 친구로서 존재하는 한 사람에 대하여 우리가 [통합 단계]로 이행하여, 투명한 상태가 된다는 것은 무엇을 의미하는가. 친구를 자신과 다르지 않게 자신의 일부로서 받아들이기 위해, 나는 어떻게 바뀌어야 하는가. 친구와 나 사이의 벽을 없애기 위한, 투명한 나를 창조하기 위해서는 무엇이 필요한 것인가. 이에 대해 우리는 사유한다.

오랫동안 무언가 결정하지 못하고 있는 사람은
나를 위한 것이 아니라, 다른 사람을 위한 것을 우선해 결정하는 것이 좋다.

내면의 소리　　1. 인식의 세가지 단계

2. 오인 (誤認)

　　우리는 [사유 독립과 확장]에 대하여 생각한다. 이른 아침 산속 바람은 습기를 머금고 있고, 그 습기의 촉촉함이 우리 모두를 차분히 가라앉힌다. 내가 [나]인 것은 [사유 독립]을 통해서 밖에는 없다. 그렇지 않고서는 붉은 고깃덩어리와 [나]를 어떻게 구분할 것인가.

　　[자아(自我)에 대한 인식에 도달한 자(者)가 보이는 행동은 무엇인가.]

　　우리는 그곳에 근접한 자를 [거짓 모방하는 사람들] 모습을 역설적으로 이야기함으로써, 그들을 인지(認知)하도록 시도한다.

- 우리는 존재가 붉은 고깃덩어리라고 생각하지는 않는다. 그러므로 실존 [나]를 찾기 위해서는 우리가 원하는 것부터 바꾸어야 한다.

- 우리는 [나]를 오인한 채로 살아가다 죽음을 맞이한다. 자신은 문제없을 것으로 생각한다면, 아마도 오인하는 한 사람일 것이다.

- 나는 이런 사람이라고 말한다면, 일단 그것은 자신이 아니다. 모두가 아닌 것이 [나]이다. [나]의 특징은 고정되지 않는 자유로움이다.

- [나]를 찾는 것은 [나]에 대한 오해를 극복하는 것으로부터 시작된다.

어느 오후 스쳐지나는 바람이 들려주는 이야기

"삶의 의미를 터득한 것처럼 즐겁게 미소 짓고, 모든 이들을 다 포용하듯이 사람들과 잘 어울리고, 낙천주의자로 느껴지길 바라며, 삶에 대한 문제에 부딪히면 웃음으로 얼버무리고, 모든 것을 이해하는 듯이 행동하며, 자신의 세계에 도취하여 새로운 세계에는 눈길을 주지 않으며, 운명론을 주장하는 한 철학자의 말을 애써 자신의 좌우명으로 삼고, 자신을 존경의 눈빛으로 바라보는 자들을 위해 절대로 자기 생각을 바꾸지 않으며, 경험에 대하여 절대적인 신봉자이고, 신중함이라는 가면을 쓰고 평범하고 작은 행복 속에서 삶을 영위하고, 자신의 인식 부재를 느낄 때는 미소 지으며 고개 돌리고 항상 다른 사람의 생각과 말들을 준비해 두었다가 필요할 때마다 사용하고, 자신의 사유와 일치할 때는 칭찬하고 능가할 때는 비난하며 자기 생각이 사람으로부터 갈채 받는 것을 최대의 목표로 삼고, 자신의 용감성을 나타내기 위해 기회가 생기면 놓치지 않고 화를 내며 항상 사람들이 관심을 두는 것에 박식하도록 노력을 게을리 않는다."

우리, 이렇지 않다고 말할 수 있는가. 이 같은 행동을 보이면서, 이 세상 삶의 지혜를 가진 자로 스스로 오인(誤認)하지 않기를 바란다. 하지만 걱정할 것은 없다. 이는 존재의 불확실성에 의한 삶의 목표 흔들림에서 오는 현상이다. 우리는 존재를 탐구하고 있고 존재 [나]에 대한 사유는 우리 약한 심성(心性)을 어렵지 않게 극복시킬 것이다.

어느 오후 스쳐지나는 바람이 들려주는 이야기

오늘 아무것도 결정하지 못하고 밤을 맞은 사람에게

　　　우리는 일상의 삶을 하나씩 이야기했을 뿐 일 수도 있다. 그러나 이 일상적 행동들이 [나]에 대한 정확한 인식에 도달하지 못한 채, 바람에 밀리어 흩어지는 낙엽처럼, 그렇게 우리를 흩날리게 하는 것일지도 모른다. 그렇다면 존재에 대한 인식에 대한 도달한 자의 실질적 행동은 무엇인가.

　　　우리 일상 속 오인을 우선, 부정해 보자. 삶의 의미를 터득한 것처럼 즐겁게 미소 짓지 않고, 모든 이들을 다 포용하지만 모든 사람과 잘 어울리지는 않고, 낙천주의자로 느껴지길 바라지 않으며, 삶에 대한 문제에 부딪히면 웃음으로 얼버무리지 않고, 모든 것을 이해하는 듯이 행동하지 않으며, 자기 세계에 도취하여 타자(他者)와 새로운 세계에는 눈길을 주지 않는 것을 경계하며, 운명론을 주장하는 한 철학자의 말을 애써 자신의 좌우명으로 삼지 않도록 자기 철학을 생성한다.

　　　이는 물론, 인식자의 행동이다. 공통점은 이들은 모두 자신을 고정하지 않는다는 것이다. [자신을 고정하지 말 것], 또 다른 숨겨진 조건이다. 주변 모든 것들을 수용하고, 자기 사유 속으로 받아들여 통합하기 위해서, 사유가 고정되면 안 된다. 빈 공기로 채워진 듯한 자신을 만들 것. 실존은 고정되지 않는다.

어느 오후 스쳐지나는 바람이 들려주는 이야기

오늘 아무것도 결정하지 못하고 밤을 맞는 이유는
자신이 자기와 세상에 대해 잘못 알고 있다는 것을 모르기 때문이다.

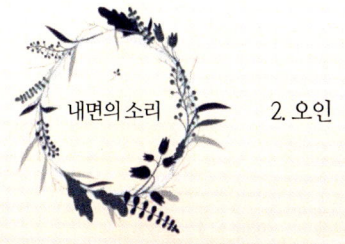

내면의 소리 2. 오인

3. 수용적 변화와 창조적 변화

산 정상은 바위와 소나무로 가득하다. 아침 안개가 보인다.

[인식의 행동화를 위한, 우리 삶의 실제적 변화 방향과 모습은 무엇인가.]

- 나를 위해서 [나]를 찾는다면, [나]를 찾으나 찾지 못하나 별 차이 없다.

- 내가 타자(他者)를 많이 수용하면 할수록 나와 타자(他者)의 존재 분리가 커질 수 있다. 타자를 통합하지 않으면 나는 타자(他者) 속에서 축소된다.

- 사유(思惟)는 [나]를 만드는 나무를 준비하는 것이고, 행위(行爲)는 [나]를 조각하는 것이다.

- 타자(他者)로부터 보이는 나를 위해서는 열 걸음 움직여야 한다. 나로부터 보이는 [나]를 위해서는 별로 움직일 필요가 없다. 그래서 한가롭다.

- 존재는 천천히 조금씩 변하는 경우도 있지만, 대부분은 계곡 물이 절벽 아래로 떨어지듯 급격히 변하는 경우가 훨씬 더 많다. 그 때까지 조금 인내가 필요하다.

오늘 아무것도 결정하지 못하고 밤을 맞은 사람에게

　　자신의 의지를 실현하려는 인간 일반의 무모성은 오히려 실체적 삶으로의 접근을 어렵게 한다. 이를 위하여 인간 일반은 신(神)적인 행동을 취하거나, 자신을 삶과 일치시키는 방법을 선택해야 한다. 인간으로서 신적인 행동을 취할 수 없기 때문에, 자신과 삶을 일치시키기 위해, 인간은 삶에서 발생하는 의지를 분열시키거나 [사유의 무화(無化) 세계로 분열], 자신의 고양된 의지를 탄생시켜야 하는 선택을 해야 할 것이다. 우리는 후자, [사유(思惟) 최고 표층(表層) 세계로의 고양(高揚)]을 선택한다.

　　자신을 고정된 방식으로 묶어 두고, 그로부터의 변화를 자신에게서 멀어지는 것으로 생각하는 것은 언제 있을지 모를 [존재의 허물어짐]을 방치하는 것이다. 세상과 삶은 끊임없이 변화하기 때문이다. 그러므로 우리는 자기 자신의 가치를 유지하기 위해, 자신을 끊임없는 변화의 과정으로 이끌어야 한다. 자신의 본질에는 아무런 변화도 없이, 타인의 방식만을 수용하는 [수용적 변화]만을 유지하는 것은 존재 독립성이 결여되어, 진정한 변화의 과정을 겪지 못한다. 이는 오히려 기존 자신과 어색한 새로운 자신과의 [존재 분리]를 느끼게 함으로써, 존재 가치에 대한 비관론적 허무주의로 전락하게 한다. 보통 우리 인간 일반은 이 과정에서 적지 않은 고통을 겪게 된다. 자신을 사유의 최고 표층(表層) 세계로 고양하고, 자신의 본질을 계속 변화시켜야 한다. 지금 자신이 자랑스럽다 해도 자신을 고집하지 않기를.

어느 오후 스쳐지나는 바람이 들려주는 이야기

자신이 단순히 수용적 변화를 추구하고 있다는 사실은 삶에 대한 자신의 태도에서 쉽게 발견된다. 그 중요한 특징은 현재 자신의 사유를 고집하여, 외면적으로는 그것을 허용하는 듯하지만, 자신에 반하는 어떠한 것도 (자신 존재 내부로부터의 자신을 새롭게 탄생시키는 창조적 변화까지) 허용하지 않는다는 것이다. 이는 스스로 충분히 알 수 있다. 왜냐하면, 수용적 변화는 본질적으로 일시적이며, 무변화의 특성을 가지려 하기 때문이다.

실존 [나]를 현시(顯示)해 주는 변화는 타인의 새로운 방식을 단순히 수용하는 것으로는 달성되지 않는다. 즉 타인의 사유와 자신의 새로운 자아를 통합하여 자신의 새로운 자아를 발견하고, 이 발견된 자아를 완전한 자기 존재화시키는 것으로부터만 달성된다. 그러므로 우리는 자기 내부에 비밀스럽게 숨어 있는 특성을 끊임없이 발견하여 개별 자아 영역을 넓히고, 이를 통해 자신을 항상 새롭게 해야 한다. 이것이 [나]에 접근하는 거의 유일한 길이다. 존재로의 접근은 결국 나를 넓히는 길이다.

이처럼 자신의 변화에 스스로를 몰입시키면 즉, [나]를 찾아서 집중하면 자기 자신으로부터 자신의 가치를 창조하기 때문에, 특정 타인으로부터 자신의 가치를 얻으려는 노력이 필요 없으며, 자기 의미를 인간 일반에게 항상 새롭게 제시할 수 있다. 이와 같이 [자기 존재 변화를 추구하는 것]은 자신의 삶을 의지와 일치시킬 수 있는

신(神)이 아닌 인간이 할 수 있는 거의 유일한 방법이다. 이를 통해 우리는 자신의 변화가 삶을 변화시키고 있다는 것을 비로소 인식할 수 있게 된다.

우리는 누군가를 사랑하게 되었을 때 [존재의 변화]를 경험한다. 전혀 관계없는 타인과 완전히 동화되어 또 다른 내가 새롭게 탄생한다. 그때, 오랫동안은 아닐지 몰라도, [새로운 존재의 탄생과 변화]를 경험한다. 누군가를 새롭게 사랑할 때와 같이, 자신 존재에 대한 변화를 의지(意志)한다면, 그때와 비슷한 경험을 지속적으로 하게 될 것이다.

인식의 행동화를 위해서는, 사랑하는 사람과의 만남과도 같이 자신을 변화시켜야 한다. 우리는 변화하는 것을 느낄 때가 있는가. 감동을 주는 책을 보고, 아니면 우연히 지나가는 사람들을 보고, 자신이 급격히 변화되는 듯한 경험이 있는가. 우리는 이것을 무심히 지나치지는 않는가. 이것이 존재론적 변화 모습의 실제이다.

무언가 결정하지 못하는 이유는 행동을 위한 의지가 분열되었기 때문이다.
나무가 있어도 조각하지 않으면 아무것도 형상화할 수 없다.

 내면의 소리

3. 수용적 변화와 창조적 변화

4. 반사회적 동물

우리는 잃어버린 [나]를 찾아서, 자유로운 삶을 만들고 싶다.

[삶은 사람과의 관계를 고려해야 하는 한계를 지닌 것 아닌가. 그 관계 속에서, 결국 실존 [나]를 찾는 것이 불가능한 것 아닌가.]

삶 속 인간관계, 진리 탐구 그리고 존재 [나]에 대하여 침잠한다.

🌀 사람들에게 내가 자주 발견되면 나에게 [나]는 잘 발견되지 않는다. 두 가지 모두를 얻을 수는 없다.

🌀 내가 [나]를 보는 것은 가장 쉽고 가까운 길이다. 사람들이 그 길을 막아서는 듯하다. 그런데 잘 생각해 보면 오히려 그들이 계속 나에게 안내하고 있다.

🌀 산속 시냇물 소리를 듣고 있으면 편안한데, 사람들과 있으면 그렇지 않다. 시냇물은 우리에게 아무것도 주지 않고, 사람들은 우리에게 많은 것을 준다.

어느 오후 스쳐지나는 바람이 들려주는 이야기

오늘 아무것도 결정하지 못하고 밤을 맞은 사람에게

　　각 시대마다 시대적 반항주의자들은 존재한다. 유교 사상이 지배하고 있을 때 묵자(墨子)는 과감히 천명(天命)을 거부하면서 운명론을 비판했다. 하지만 그는 인간의 나태함에 대한 비판으로서 운명론에 대한 거부가 아니라, 사회 구조 개혁을 위한 도구로서 운명론을 거부했다. 그의 정신적 근원은 시대 반항적 철학자가 아니라 시대 반항적 사회학자로서였다. 유교는 사회학의 범주에 속한다. 이처럼, 시대 반항적 사고의 대부분은 아쉽게도 사회학이다. 그는 사람들에게 진정한 삶의 철학을 제시하지는 못했다.

　　그러나 장자(莊子)는 말했다. [인의를 위해 죽으면 그를 군자라 하고, 재물을 위해 죽으면 소인이라 한다. 내가 보기엔 두 죽음은 별 차이가 없다.] 노자(老子)도 말한다. [학문이나 지혜를 버리면 백성들의 이득이 백배가 될 것이며, 인의 도덕을 버리면 백성들이 선한 본성으로 돌아갈 것이며, 기교나 명리를 버리면 도적(盜賊)도 없게 될 것이다.] 저명한 서양 철학자들의 생각과 달리, 사회학이 발전할수록 인류는 정체한다. 이는 기본적으로 인간은 절대로 사람들과의 관계 속에서 자신을 발전시킬 수 없는 [반사회적 동물]이기 때문이다.

　　우리 인간이 사회적 동물이란 오류에 더는 빠지지 않는 것이 좋다. 사람들과의 관계가 중요하지 않은 것은 아니지만, 그것을 존재와 진리를 찾는데 반드시 고려해야 하는 것은 아니다.

어느 오후 스쳐지나는 바람이 들려주는 이야기

사람과의 관계를 고려하여 자신을 억압하기 시작하면 자신을 향할 수 없다. 장자와 노자의 [반사회적 철학]은 현재도 유효하다. 인의(仁義), 학문, 지혜, 도덕, 명리(命理), 이 모든 것은 우리가 생각하는 것과 이미 다르게 오염되어 있다. 우리는 이 모든 사회적 억압을 전복(顚覆)하고, 자신만의 다른 개별 세계를 구축해야 한다. 기존의 가치 아래에서 자신을 찾는 것은 거의 불가능하다. 우리는 자신을 형상화해야 한다.

무언가 결정하지 못하는 것은 사회적 가치에 모순이 감춰져 있을 때도 있다.
이때는 그 모순을 바로잡기 위해 반사회적 결정이 필요할 수도 있다.

내면의 소리　　4. 반사회적 동물

5. 집단 중심적 삶의 세가지 과(過)

[왜, 우리가 지켜 온 가치를 전복해야 하는가. 우리 인류 위대한 철학자들이 주장한 가치 전도와 어떤 차이가 있는가.]

사회적 가치의 전복(顚覆)에 대한 주장은 철학 역사에서 반복된다. 우리 삶이 혼란스러워지지 않을 것인가라는 우려와 함께. 우리가 사유하는 가치의 전복은 실존 [나]의 회복과 관련이 있다. 우리 삶 속, 가치의 전복과 실존적 존재 [나]에 대하여 우리는 이렇게 사유한다.

🍃 이것이 [나]라고 생각되면 그것은 내가 아니다. 그렇다고 생각되어질 뿐이다. 왜냐하면, 다른 내가 바로 나타나기 때문이다.

🍃 아니다. 아니다. 하다 보면 [나]는 원래 없는 것인가 의문하게 된다. 그러나 그것이 나를 자유롭게 한다. 지금 무엇인가 하려는 것을 결정하는 이것 [나] 은 무엇인가.

🍃 나는 살아 있는가. 어차피 시간에 떠밀려 죽는 것이라면, 사나 죽나 다를 바 무엇인가. 혹시 죽어도 변함없는 내가 있다면, 난 그것을 위해 살겠다.

어느 오후 스쳐지나는 바람이 들려주는 이야기

- [나]는 고요함이다. 타자(他者)에 의해 동요되는 것은 내가 아니라 나를 둘러싼 두꺼운 대타적(對他的) 유동층(流動層)이다. 이는 불투명하여 [나]를 가린다. 그러나 그렇게 마음 쓸 일 아니다.

- 모두가 자기만을 위해 달라고 집요하게 요구한다. 국가조차 다르지 않다. 타자(他者)를 위한 삶을 사는 선인(善人)을 이용하는 자들이 많기 때문에 [나]를 찾는데 시간이 오래 걸린다.

  우리 인간은 자신의 비참함으로부터 탈출하기 위해 스스로 발전하려는 본능적 의지를 가지고 있다. 그러므로 인간이 자신의 상태를 개선하려고 노력하는 것은 필연적 결과이다. 필연적 인간 의지에 의해 탄생된 문명과 그에 수반되는 사회성은 어느새 그 의미가 전도되어, 마치 사회 중심적 삶을 통해 인간이 발전되어 온 것처럼 사람들에게 인식되고 있다. 사회학자와 문명의 추종자는 인류 역사 속에서 인간 주도적 역할을 박탈하고, 인간에 의한 필연적 발전을 사회 구조의 공(功)으로 돌려 버린다. 인류 발전에 미치는 인간 개체의 주도적 역할이 억압되고, 사회를 위한 목적이 인간 개체를 압도하게 되면, 우리 인간은 세 가지 과(過)를 겪게 된다.

  집단 중심적 세계의 첫 번째 과(過)는 [사유의 정체]이다. 우리 인간은 자기 성찰과 삶에 대한 사유를 통해 자신과 그를 구성하

어느 오후 스쳐지나는 바람이 들려주는 이야기

는 삶의 원리를 인식하고, 이로부터 진정한 자신과 삶의 풍요로움을 창조한다. 그리고 인간 정신의 풍족함은 바로 인간 문화로 표출된다. 그런데 집단 중심적 삶은 인간으로부터 사유 필요성과 여유를 박탈하고, 이는 곧 인류 문화의 퇴보로 이어진다. 이와 같은 인류 문화의 퇴보 현상은 이미 우리 주위에서 쉽게 발견되고, 이에 대한 극복은 우리 모두의 미룰 수 없는 중요한 과제이다.

인간은 집단 중심적 삶을 통해 [삶의 의미 전도] 두 번째 과(過) 를 겪는다. 우리 인간은 삶의 목적이 어느새 물질의 풍요로움과 권력에의 의지로 물들여져 있고, 이로부터 하루하루 삶이 그 가치를 상실해 가고 있다. 소수 어리석은 자(者)들의 의도대로, 인간은 도구화되고 집단 목표 달성이라는 최면 속에 인간의 희생은 늘어만 가고 있다. 인간은 이미 [죽음 이전의 죽음의 상태]에 빠져 있고, 우리는 이 죽음의 상태에서 탈출하는 데에만도 용기와 희생이 필요하다.

집단 사회성의 세 번째 과(過)는 [의지의 분열] 현상이다. 삶에 대한 굴복으로 인간은 무력화되고, 마치 동물들 무리 속에서 그들을 구분하기 어렵듯이, 인간 또한 동질화의 과정을 겪는다. 이제 인간은 자신의 의지에 의심을 품게 되었으며, 그 의미조차 우리 속에서 잊혀져, 우리 인간 삶 속에서 [존재로부터 분출하는 의지의 역할]이 서서히 사라지고 있다.

우리는 인간을 발전시켜온 본질 창조에의 의지를 지켜야 하고, 인간 일반 미래 가치의 불명확성을 극복하기 위한 노력을 게을리 해서도 안 된다. 지금까지와는 달리, 우리 미래는 절대로 [국가와 사회를 위해 개별 존재가 희생되는] 사회학의 범주 내에 있어서는 안 될 것이다. 지금까지의 오류와 속임수로 이제 충분하다.

한 번 시선을 돌려 우리가 지금 어디에 있는지를 돌아보아야 하지 않겠는가. 우리가 국가를 위해 목숨을 바치는 것이 그렇게 훌륭한 일인가. 그 국가는 누구를 위한 국가인가. 우리 모두의 국가가 아닌, 소수 특권자를 위한 희생이 애국심으로 불리고 있지는 않은가. 과연 우리 국가는 믿을 만한 것인가. 커다란 거짓이 기만하고 있다고 생각하지는 않는가. 그들을 위한 삶이 옳은 것인가. 단언컨대, 아니다.

[나]와 타자(他者)의 평등한 삶이 우리 목표이다. 내가 희생하는 만큼, 바라지 않더라도, 바로 그만큼 그대로 나에게 돌아오는 세상을 원한다. 우리 삶에서 그렇게 하지 않는 자는 모두 사기꾼과 크게 다르지 않다. 현 인간 일반 집단 구조 모순에 대하여 인식하고, 변화를 위한 사유와 행동이 필요하다. 그리고 그것이 결국 [나]를 형상화하고, 실존을 찾기 위한 방법이다.

오늘 아무것도 결정하지 못하고 밤을 맞았다면
죽어도 변함없는 나에게 도움이 되는 것으로 정하면 된다.

내면의 소리

5. 집단 중심적 삶의 세가지 과(過)

6. 인류 생존의 역사

산속 아침은 생각보다 그렇게 춥지 않았다. 산으로 둥그렇게 둘러싸인 산장은 산이 바람을 막아 주는 듯하여, 고요한 아침 풍경을 보여주고 있다. 오늘 같은 고요한 아침 풍경은 바로 우리가 찾던 존재, [나]와 닮은 것 같다.

어느 여름에서 가을까지
숲과 하늘, 구름, 땅, 바람 그리고 노을의 운율 속에서
한 대상(對象)이 창조된다.

고요함은 모든 것을 포괄한다. 고요함은 모든 소음을 받아들인다. 우리 실존 [나]도 그렇지 않겠는가.

[지금 우리 가치를 파괴하고 전복하고자 하는 행동은 어떤 당위성이 있는가. 우리 인간 일반 모두에게 꼭 필요한 일인가.]

생존이 [나]를 향한 길을 막아서는가. 아침잠에서 깨어 처음 대하는 [나]는 생존함으로써 나타난다. 생존을 위한 구(求)함은 나를 [나]로부터 멀어지게 하지만, 생존은 또한 나에게 [나]를 인도한다.

어느 오후 스쳐지나는 바람이 들려주는 이야기

- 철학은 진리를 찾는다. 진리는 최대 다수에게 최대 자유를 부여한다. 철학을 몰라도, 그런 삶을 산다면 그는 최고의 철학자이다.

- 철학의 시원(始原)은 실존 [나]이다.

- [나]를 위한 것은 자유로움과 평등함을 전제로 해야 한다. 타자(他者)를 위한 것도 다르지 않다. 아주 어릴 때 깨우쳤어야 할 [삶의 평등]을 알지 못함에 모든 문제가 생긴다.

　　시대에 따른 철학의 힘이 약화되면, 인간은 항상 새로운 철학을 창조한다. 우리 철학의 역사를 되돌아보자. 기원전 즈음 [이상향]을 위한 동서양의 철학은 최고조에 달했고, 이어 [논리학]과 [자연철학]으로부터 인간은 고대, 중세 천 년 이상을 새로운 철학 없이 지낼 수 있었다. 르네상스 이후 인간 [사유 자유로움]으로 복귀되어, 사상가들의 [경험주의적 사고]를 시작으로 하는 근대 사상이 성립되었고 이로 말미암아 인간은 수백 년간의 시대를 또 지내왔다. 그 후 19세기 말로부터 20세기 초까지, 우리 인간 일반은 다시 [인식론]과 [존재론]을 선두로 하는 새로운 정신적 시도를 만났고, 이 철학은 우리 현대 사회를 이끌고 있다.

　　　　　　　어느 오후 스쳐지나는 바람이 들려주는 이야기

이제, 우리 시대는 대부분의 철학이 쇠퇴하고 있다. 우리는 새로운 철학을 원한다. 이는 단지 학문이 아닌, 우리 생존과 관련이 있다. 우리는 이미 19세기 불완전한 철학에 의한 인류 파괴 역사를 가지고 있다. 그리고 아직도 그 위험성은 사라지지 않고 있다. 우리 시대 새로운 철학은 무엇이고, 누가 그것을 만들겠는가. 철학의 역사는 인류 생존의 역사이다. 그리고 그 철학은 대부분, 존재를 탐구하는 과정에서 탄생한다.

- 실존 [나]를 위한 것과 인간 일반, 타자(他者)를 위한 것은 거의 동일하다.

- 지금 실존 [나]를 위한 것 하나를 사유하고, 떠올려 보자. 이것이 우리가 존재를 탐구하는 이유이다.

오늘 아무것도 결정하지 못하고 밤을 맞았다면
과거도 미래도 아닌, 현재의 시대정신을 기준으로 정하면 된다.

내면의 소리   6. 인류 생존의 역사

7. 인식에서 행동으로

우리는 삶을 이끌 실제적 사유, 실존적 철학을 원한다. 우리 인간 일반을 위하여, 그리고 [나]를 위하여.

[새로운 철학을 위하여, 우리가 바로 지금 해야 하는 것은 무엇인가. 과거 위대한 철학 사상이 힘을 잃고 방황할 때, 우리는 무엇을 해야 하는가.]

- 인간 일반, 타자(他者)를 행복하게 만들어 주겠다고 공언하지만, 나 하나도 행복하기 쉽지 않다. 그런데 내가 행복하면 타자(他者)를 행복하게 하려는 마음이 잘 생기지 않는다.

- [나]를 찾는데 타자(他者)를 위한 철학이 무슨 소용인가. 그것은 실존 [나]는, 나에 의해 만들어지는 것이 아니라, 타자(他者)와 대상(對象)에 의해 만들어지기 때문이다.

- [나]를 찾기 위해서는 깨어 있어야 한다. 그리고 타자(他者)의 철학을 통합해야 한다. 그들 모두를 통합하는 철학을 발견하지 못하면 실존 [나]에게 접근하기 어렵다.

오늘 아무것도 결정하지 못하고 밤을 맞은 사람에게

　　우리 인간 일반은 자신의 시대를 주도하고 있는 철학의 힘에 의해 자신을 유지하고 발전시킨다. 그러므로 시대 철학은 인류와 각 개인을 인도하는 힘이며, 시대 철학을 향한 인간 의지는 인간이 가질 수 있는 최대의 숭고함을 내포한다. 그러나 위대한 정신의 탄생은 시대를 성찰하고, 그 성찰을 통해 자신의 시대와 다가올 미래를 이끌 수 있는 우리를 자유롭고 평등하게 만들어 주는 힘의 근원을 인식, 그것을 사람들에게 제시해야 하는, 오랜 고뇌의 시간이 필요하다.

　　이 힘의 근원 철학 은 인류 역사를 통해 끊임없이 변화의 과정을 겪고 있으며, 이 변화는 인류에게 다른 삶을 탄생시켜 준다. 이제 우리 시대는 우리를 지금까지 이끌어왔던 철학이 그 힘을 잃어가고 있다. (무엇이 옳은지 알 수 없게 되었다.) 우리는 지금, 우리 [시대 철학] 탄생을 필요로 하고 있다.

　　이제 인류는 통합의 과정을 겪어야 하는 운명이다. 통합은 문화적 통합으로 시작될 것이다. 이로 인해 야기된 혼란으로부터 인류를 지켜야 하는 새로운 사명이 우리에게 다가오고 있다. 21세기를 맞는 우리는 삶과 문화 변화를 이끌 철학 부재 속에서 [혼돈의 시대]를 맞고 있다. 이 철학 부재 속에서, 우리 삶은 혼란과 파괴의 과정을 시작하고 있으며, 이미 우리 주변에서 많은 사람이 고통받고 있다. 이를 극복하기 위한 또 다른 시대 철학을 위해, 이제 우리 인식자, 철학자에게 주어진 시간이 그렇게 많지 않다.

어느 오후 스쳐지나는 바람이 들려주는 이야기

[인식에서 행동으로] 우선 우리 철학을 통합해야 하는 일을 수행한다. 인류는 생각 교류 수단의 예상하지 못한 포괄적 역할로 단편적이고 부분적인 통합의 과정에 들어섰고, 통합이 결여된 개별적 생각은 우리에게 더 이상 큰 힘을 주지 못한다. 이제 인류가 가지고 있는 주요 사상을 인지하고 그 사상을 통합하여, 그로부터 모든 인류를 이끌 시대정신을 탄생시켜야 한다. 이는 문화, 종교, 언어, 민족, 철학의 통합을 모두 포함한다.

이와 같은 인류의 사상과 철학을 통합하기 위해, 우리는 행동해야 한다. 우리 인간 일반 철학을 습득하는 데 노력하고, 또 끊임없는 통합 과정을 수행해야 한다. 자신의 정신이 가지고 있는 사유 공간을 확대하여 자신 속에 깊이 숨어 있는 여러 사상을 찾고, 인간 일반 사유를 통합하는 철학을 도출해야 한다. 우리는 [통합사유철학]을 필요로 한다. 우리 시대 철학은 다시 창조되어야 하며, 인간 일반 삶을 책임지고자 하는 숭고한 자는 반드시 그렇게 할 것이다.

시대 철학 창조, 이는 소수 인식자, 철학자가 아닌, 우리 모두의 일이다.

오늘 아무것도 결정하지 못하고 밤을 맞았다면
내 행동을 더 쉽게 이끌 수 있는 것으로 정하면 된다.

 내면의 소리   7. 인식에서 행동으로

8. 비발디적 명랑함

[실존 [나]를 만들어 나갈 때, 우리 삶의 모습은 어떻게 변화하는가.]

- 우리 명랑(明朗)해도 된다. 무더운 밤 어깨를 스치는 서늘한 바람에 즐거움을 느낀다면. 우리 두려워하지 않아도 된다. 지금 숨 쉴 수 있다면.

- 고독한가. 어두운가. 나를 바꾸는 것이 좋겠는가. 세상을 바꾸는 것이 좋겠는가. 세상을 바꾸는 것은 의외로 간단해서 내 주위 열 사람으로 충분하다.

- 행(行)함이 같으면, 진리를 알고 행(行)하나 모르고 행(行)하나, 결과는 그렇게 다르지 않다.

　　슬픔과 기쁨의 조화, 가벼운 발걸음과 같은 상쾌함, 야망을 지닌 자의 웅대함, 변화에 대한 자연스러움, 미풍 같은 가벼움, 맑은 여름 하늘 같은 쾌적함, 태풍 진로를 보는 듯한 긴장감, 아이와의 가벼운 입맞춤 같은 부드러움, 별빛 같은 신비로움, 어릴 때 느끼는 엄마의 감미로움, 벗과 함께 가을 저녁 놀을 맞을 때 포근함, 무더운 밤 어깨를 스치는 바람의 서늘한 즐거움, 이것이 비발디적 명랑함이다.

어느 오후 스쳐지나는 바람이 들려주는 이야기

우리 삶은 영원한 밝음이다. 지금 바로 음울함에서 벗어나는 것이 좋다. 타자(他者)와의 평등을 위해 해야 할 일 많음을, 삶의 어둠과 연관시키지 말라. 우리는 명랑함으로 존재를 형상화한다.

- 육체적 편안함은 추구하지 말라. 편안함은 마음으로 충분하다.

- 타자(他者)를 향할 때 비로소 실존 [나]는 나타난다.

- [나]를 찾는 것은 [우스꽝스러운 세상의 생각을 변화시킴]으로써 비로소 달성되는 것인가.

우리는 모든 철학을 통합하는 철학, 모든 문화를 통합하는 문화를 제시할 것이다. 그리고 이를 통해, 평등적 자유를 실현해야 한다. 매우 어려운 일이다. 그러나 이 모든 것을 즐겁게 그리고 명랑하게 추구할 자(者)가 필요하다. 바로 [그]가 실존 [나]를 찾을 수 있는 자이다.

오늘 아무것도 결정하지 못하고 밤을 맞았다면
나를 명랑하게 해주는 것으로 정하면 된다.

내면의 소리   8. 비발디적 명랑함

9. 의지의 부정

    내 주변 사람, 우리 이웃, 우리 국가 그리고 모든 사람을 위한 철학을 준비하고 창조한다. 그리고 그것을 위해 노력한다. 그것이 잃어버린 [나]를 찾기 위한 첫걸음이다. [나]를 찾는 것이 목표이지만, 그것은 결국 타자(他者)를 위한 철학이다. 그들이 나를 만들기 때문이다.

    [인간 일반 삶의 변화를 위한 우리 힘에 한계가 있다. 그 무력함을 어떻게 극복할 것인가. 자기감정조차 쉽게 제어할 수 없는 우리가 어떻게 인간 일반 삶을 위한 철학을 제시할 수 있겠는가.]

- 이런저런 나의 모습에 대하여 실망하지 않아도 된다. 내가 생각하는 나로서 타자(他者)에게 보이지 않았을 뿐이다. 나도 [나]를 모르는데 타자(他者)가 어찌 [나]를 알겠는가. 그들이 맞을 때도 많다. 마음 쓸 것 없다. 우리가 사랑스러울 때도 기억할 테니.

- 나는 용감할 때도 있고 비겁할 때도 있다. 나는 너그러울 때도 있고 공격적일 때도 있다. 분명 [나]는 감정을 초월한 그 무엇이다.

- 나는 의지로부터 자유로운 존재일 수 없다. 감정은 의지로부터 기원한다. 그러므로 나는 감정에 자유로울 수 없다. 하지만 마음 놓아도 된다. 의지는 [나]로부터 기원한다.

어느 오후 스쳐지나는 바람이 들려주는 이야기

오늘 아무것도 결정하지 못하고 밤을 맞은 사람에게

- 의지가 나를 힘들게 한다. 그러나 걱정 없다. [나]는 의지를 취할 수도 부정할 수도 있다. 우리가 [나]를 찾아 그래도 좋은 것 몇 가지 중 하나이다.

- 나의 의지가 분열되어 절망하기 전에 [나]는 나를 돕는다. 나를 죽음과 같은 고통으로부터 구출하는 것은 그렇게 찾았으나 숨어 버렸던 [나]이다.

- [나]는 토요일 해가 드는 오후, 문득 한가함이 느껴지면 잠시 나를 찾아온다. [그]는 나와 이야기하고 싶어 하는데 나는 항상 다른 친구들을 찾는다. 그렇다고 서운해하지는 않는다.

    우리가 감정에 의해 특정 사유와 행동이 자신의 선(善)한 본성에서 벗어나게 되는 원인은 감정의 반의지적 작용에 기인(起因)한다. 그래서 의지와 반하여 우리에게 다가서는 감정으로부터 자신을 유지하기 위해서는, 우리에게 밀려드는 감정을 자신의 사유 공간의 일정 영역으로 받아들여, 우리의 사유 공간 전체를 흐트러뜨리지 않으려고 시도해야 한다.

    이와 같은 [감정의 사유화(思惟化)]는 연습이 필요하다. 평온함은 자신과의 투쟁을 통하여, 개별 사유 공간을 감정에 정복당하지

어느 오후 스쳐지나는 바람이 들려주는 이야기

않으려는 끊임없는 노력의 지속 결과로서, 비로소 달성 가능하다. [감정 사유화(思惟化)를 통한 감정의 사유 통합] 고통스러운 연습 과정 없이 자신의 감정을 정복했다고 오해하지 말아야 한다. 이것이 우리가 자신의 감정을 정복하지 못하는 이유이기도 하다. 우리는 인식이 순식간에 무너짐을 끊임없이 경험하고 낙담한다. 우리가 감정을 정복하기가 그토록 어려운 것은 [감정 사유화(思惟化)]의 어려움에 대한 이해 부족 때문이다.

감정의 근원에 관한 인식은 감정이 우리 사유 공간에서 차지하는 위치를 제시한다. 예를 생각해 보자. [분노]는 자신이 정의(正義)로서 인식한 것이 자신 의지대로 수행되지 않았을 때, [미움]은 자신의 의지를 손상시키는 대상에게 의지를 회복시키려 할 때, [즐거움 또는 기쁨]은 우연히 또는 자신의 노력으로 자신 의지대로 되었을 때, [호의 또는 사랑]은 한 대상을 통해 자신의 의지가 실현될 것이라는 것이 인식될 때 발생한다. 이렇게 감정도 우리 사유 공간 속에 새로운 영역이 부각되는 현상이다.

이처럼, 일반적으로 감정은 자신 또는 대상을 통해 자신의 의지가 손상되거나, 자신의 의지가 성취될 때 발생한다. 그러므로 우리는 의지가 존재하지 않으면, 감정도 존재하지 않음을 유추, 인식할 수 있다. [의지로부터 벗어남]이 [감정으로부터 자유로울 수 있는] 우리의 중요한 행동 지향점이다.

어느 오후 스쳐지나는 바람이 들려주는 이야기

오늘 아무것도 결정하지 못하고 밤을 맞은 사람에게

감정은 사유 공간 중의 일정 영역과 연관되며, 그것이 의지와 무관할 때 반의지 영역으로 인식된다. 사물이 감정을 가질 수 없는 것은 그 무의지성(無意志性)에 기인한다. 이로부터 우리 인간 일반이 감정에 자유롭기 위해서는 자신의 [의지를 부정]해야 함을 일반 인식화할 수 있다. 그러나 [의지의 부정]이 불가능한 영역이 존재하는데 그것은 인간의 본능적 의지이다. 이는 부정될 수 없는 삶의 근원이며 이로써 인간 일반은 감정으로부터의 완전한 자유를 성취할 수는 없다. 그리고 인간 의지가 타의에 의해 부정됨으로써 나타나는 [의지의 분열] 상태, 우리 인간의 혼돈과 파괴 상태는 다른 저술에서 통합사유철학강의 기술될 것이다.

의지의 부정과 달리, 의지의 분열(타의적 영역)은 방치해서는 안 된다. 감정과 의지의 이와 같은 관계로부터, 감정이 그 다양성을 잃어가는 것은 인간 의지의 자의성 부족에 그 원인이 있음 또한 일반 사유할 수 있다. 우리는 자의적 의지가 분열되는 현상을 막아야 한다. 그리고 의지의 고귀함을 사유를 시작하는 우리 젊은 자들에게 일깨워 주어야 한다. 그들이 의지를 탐구하고 또 발견하는 데 충분한 시간을 보내도록 그들을 자유롭게 해 주어야 한다. 지금 의지 분열 현상을 막지 못한다면, 오래지 않아, 자유로운 감성적 의지를 잃고, 다양성이 결여된 본능적, 지성적 의지만으로 자신의 삶을 구성시킬 것이며, 이로 인한 우리 인간 운명은 역사상 어느 시대보다도 암울할 것이다.

어느 오후 스쳐지나는 바람이 들려주는 이야기

오늘 아무것도 결정하지 못하고 밤을 맞은 사람에게

[감정으로부터 자유]를 위한 의지의 부정은 자의성을 전제로 한다. 감정의 자유를 위해 자의성이 결여된 분열된 의지를 보인다면 그것은 감정의 자유를 위해 [삶의 자유]를 포기하는 것과 같다.

의지의 분열은 자유정신을 억압한다. 자유정신은 [나]를 향한 최대의 출구이다. 우리는 희망의 시대를 살고 있는가. 암울한 시대를 살고 있는가. 태어나고 즐거운 어린 시절을 보내고, 적절히 필요한 것을 배우며, 젊은 자유로움을 누리고, 적절한 노동을 하고, 자신의 삶을 만들어 나가고, 자신의 꿈을 성취하고, 가족을 행복하게 하고, 그리고 병과 늙음과 싸우다 생을 마감하는, 이런 평범한 삶의 과정이 천 년 전보다 과연 개선되었는가. 본능적, 지성적 의지만으로 구성된 우리 삶의 세계를 상상해 보았는가.

우리는 감정으로부터 자유롭기 위한 방법으로서 [의지의 부정]을 사유한다. 이는 의지의 분열과 달리, 자의적 자기 의지화 할 수 있는 영역 행동이다. 실존 [나]를 향한 비밀의 열쇠에 [의지의 부정]도 포함된다.

어느 오후 스쳐지나는 바람이 들려주는 이야기

오늘 아무것도 결정하지 못하고 밤을 맞았다면
내 강한 의지의 부정이 필요할 지도 모른다.

내면의 소리   9. 의지의 부정

10. 어리석은 현명함

소나무가 반갑다. [밝음]과 함께 그 모습이 뚜렷하다. 그 모습은 바늘과 같이 길지만 날카롭지 않다. 아마도 추위에 견디기 위한 진화였을 것이다. 우리 모습도 그렇지 아니한가.

[우리는 어리석음과 현명함, 어디에 있는가. 우리는 언제 현명해질 수 있을 것인가.]

- 나이가 듦에 따라 실존 [나]와 가까워지는 경우도 있지만, [나]에게서 멀어지는 경우가 더 많다. 이유는 여러 가지. 보통 약간 아쉬울 정도로 [나]를 향하는 시간이 조금 늦다.

- 나는 현명하려 노력하지만 결국은 어리석어진다. 현명함과 어리석음이 크게 다르지 않기 때문이다. [현명치 않은 삶의 자유로움]이 눈물 나도록 그리울 때가 그리 멀지 않다.

- 현명해지려고, 현명함을 드러내려고 너무 노력할 것 없다. 내가 없어도 산(山)속 물은 흐르고 꽃은 핀다.

오늘 아무것도 결정하지 못하고 밤을 맞은 사람에게

🍃 너무 향기로운 물은 향수(香水)로 밖에 쓸 일이 없다.

🍃 현명함과 어리석음을 바로 알고 있는가. 지금 그대로라면 우리 모두 현명하게 되지 않기를 바란다. 현명하게 되려 애쓸 것 없다. 그러니 우리 마음 편히 가져도 된다.

　　우리는 이제, 그만 현명해지는 것이 좋을 것 같다. 항상 그렇지는 않지만, 시간의 흐름에 나이가 듦에 따라, 인간 일반 삶은 유감스럽게도 그 고귀함이 파괴되어 가는 경향이 있다. 고귀함의 특징은 삶을 위한 열정에 있으며, 이 열정은 견디기 어려운 의지 극대화와 힘의 발산을 필요로 하기 때문에, 시간이 흐름에 따라 인간은 이로부터의 도피를 선택한다. 그러나 자신의 존재 속에서 숭고함을 유지하기 위해서는, 삶의 향상을 위한 자신의 [열정]을 포기해서는 안 되며 인간이기에 범하는 몇 번의 예외를 제외하고, 어떠한 [나태함]도 나태함과 한가로움은 다른 이야기이다. 용납해서는 안 된다.

　　우리는 죽는 순간까지 자기 [삶의 고귀함]을 잃지 않도록 노력하는 것이 좋다. [고귀함을 향한 열정]이 식어 버림으로써 삶의 총체적 열정이 의미를 잃기 시작하기 때문이다. 그러면 삶에서 즐거움

어느 오후 스쳐지나는 바람이 들려주는 이야기

이 멀어진다. 그런데 나이가 들면서 우리는 자연스럽게 열정과 그에 따른 고귀함을 잃기 쉬운데, 사람들은 보통 이를 오히려 현명하게 되었다고 한다. 이 기준이라면 현명하게 되지 않도록 노력하는 것이 좋다. 우리는 고귀함으로 존재를 형상화한다.

[우리는 현명한가. 그리고 현명할 필요가 있는가. 우리 시대, 어리석음과 현명함을 바로 알고 있는가. 우리 모두, 현명하게 되지 않기를 바라야 하는가.]

내가 없어도 산속 물은 흐르고 꽃은 핀다. 내 결정 그리 중요치 않다.

 내면의 소리   10. 어리석은 현명함

오늘 아무것도 결정하지 못하고 밤을 맞은 사람에게

11. 겸손의 문

정상까지 가는 길은 좁고 험한 길이다. 길 양옆으로 알 수 없는 나무가 가득하다. 우리가 삶에 대하여 모르는 것과 지금 이 나무에 대하여 모르는 것이 다르지 않다. 이름도 기억되지 않은 채, 이 나무는 여기에서 가장 큰 의미로 존재하고 있다. 몇 그루, 이름이 떠오르는 나무만이 이 산 정상 근처에 있었던 나무로 기억 속에 남을 것이다. 정상 속 안개는 거의 걷혀 시야가 점점 뚜렷해지고, 멀리 차분히 가라앉은 안개와 조용한 낮은 집이 보인다. 산에 오를 때와 같이, 목표를 아는 것만으로도 우리는 자신을 조절할 수 있다. 정상 위에도 따뜻한 해가 비추는, 바람 적은 곳이 있다.

[우리 삶은 운명적인가 의지적인가. 어떻게 진리에 다가갈 것인가.]

어디에도 [나]는 없다. 그런데 어디에도 [나]는 있다. 백(百) 가지 그림이 아름다운 계곡과 가을 단풍을 그려도 산을 모두 그릴 수 없는 것과 같다. 그림은 산으로 사람을 인도할 수는 있겠지만, 산속을 거닐어야 산을 느낄 수 있다.

어느 오후 스쳐지나는 바람이 들려주는 이야기

- 나는 나무도 보고 계곡도 보고 산속 짐승 그리고 산속에서 보이는 하늘도 본다. 무엇을 보든 나는 산(山)속에 있다. 존재 [나]도 그렇다.

- [나]는 모두와 다르다. 그런데 실존 [나]는 모두와 같다. 누구나 알 수 있는 이유로.

- 붉은 아침 놀을 보고 있는 혼자 있는 [나]와 사람들 사이에 있는 [나]는 같다. 그런데 다르다. 모두들 그렇다. 너그러운 마음을 가져도 된다. [그]와 나, 그렇게 다르지 않다.

유력한 삶에 대한 태도로서, 우리 삶을 [운명론]으로 구성할 것인지 [의지론]으로 구성할 것인지에 대한 답에 많은 시간을 허비할 필요는 없다. 그렇게 중요하지 않기 때문이다. 삶은 두 가지를 모두 포함하는 인과주의적 결정론을 근원으로 한 [운명론] 자유의지로 구성될 것이기 때문이다. [의지론] 자유의지는 인과주의적 결정론의 도움 없이 작용할 수 없으며, 자유의지에 의해서만 인과주의적 결정론은 완성된다.

삶을 운명론 또는 의지론 중 하나로 선택하려는 오류는 [삶을 고정된 시점에서 고찰하려는 의도]에서 발생한다. 현재 시점으로 고정할 것인지, 미래 시점으로 고정할 것인지. 그러나 우리 삶은 시간 변화성을 가지며, 고정된 시점으로 결정되는 것이 아니다. 이를 생각한다면 삶을 향한 인간의 양분 논리 태도에 대한 무모성이 드러난다. 양분 오류의 또 다른 근원은 우리 삶을 의지만으로 구성하려는 [인간 일반의 끊임없는 구(求)함]에서 출발한다. 자신은 그렇지 않다고 생각할지는 모르지만, 우리 인간 일반 대부분은 이 [의지에의 속박]으로부터 벗어나는 것은 거의 불가능하다. 죽음 직전까지 구(求)함에서 벗어나지 못하기 때문이다.

　　우리 삶은 [의지] 작용과 함께 [존재]의 작용, 그리고 존재와 의지를 포괄적으로 사유하는 [인식] 작용으로 공간 세계를 구성한다. 존재, 의지, 인식에 대한 성찰만이 [의지]와 [운명] 양분 오류에서 벗어나는 길을 제시한다. 절대로 삶은 하나로 구성되지 않는다. 의지에 의한 지나친 구(求)함, 운명에 의한 지나친 허무로, 우리는 잃는 것들이 너무 많다.

　　자신이 나태해지고 힘이 없다는 것을 인식하게 되면, 극단적 인과주의적 결정론, 즉 [운명론]으로 자신의 삶을 합리화시키려 하기도 한다. 시간이 지나고 나이가 많을수록 이 경향은 점점 커질 수밖에 없고, 결국 이러한 운명론은 바로 현명함으로 인식될 때도 있다. 왜냐하면 사실은 나이가 듦에 따라 더욱 현명해지는 사람은 소수뿐임에도 불구하고, 일반적으로 나이 든 사람은 자신이 현명하다

어느 오후 스쳐지나는 바람이 들려주는 이야기

고 생각하며 그리고 많은 사람이 나이가 들면 현명해질 것으로 착각하고 있기 때문이다.

현명해지기 위한 한 가지 좋은 방법이 있는데, 그것은 누구에게나 머리 숙여 타인의 생각을 받아들이는 [겸손의 문]을 넘는 것이다. 누구나 알 수 있을 것 같은 이 방법을 사람들은 거의 사용하지 않는다. 이상할 정도로 이 겸손의 문을 넘지 못한다. 삶은 그렇게 불공평하지는 않다. 고개 숙여 겸손의 문을 지나는 수고를 하면, 눈부신 넓은 평야가 펼쳐져 있을 것이다. 거기에는 [의지]도 [운명]도 없다. 보통 우리는 타자(他者)에게서 더 이상 얻을 것이 없다고 판단되는 순간, 지금까지 자신을 이끌어 왔던 사람에게 등을 돌린다. 물론 이것은 자신을 드러내기 위해서, 그리고 그로부터 자신이 독립임을 증명하고 싶기 때문이다. 우리는 그것을 항상 준비하고 있다. 우리는 타자(他者)에 대한 고마움을 오랫동안 간직하는 모습을 잘 보지 못한다. 그래도 그들은 눈부시도록 아름답다.

일방적 의지론적 삶과 운명론적 삶 속에서는 [나]를 찾을 수 없다. 자신이 어느 한 쪽에 치우쳐 있다면, 그로부터 빨리 벗어나야 한다. 겸손한 자만이 실존 [나]를 찾을 수 있다. 겸손함이란 수용성 깊은 투명함의 기초이다. 우리는 의지론 또는 운명론으로부터 정말 자유로울 수 있겠는가. 내 생각을 고정, 고집하지 않을 수 있겠는가. 겸손할 수 있겠는가. 실존 [나]로 향하는 길은 의외로 험난하다.

어느 오후 스쳐지나는 바람이 들려주는 이야기

최고의 결정은 너그러움과 겸손에서 시작한다.

내면의 소리   11. 겸손의 문

12. 고귀한 그리고 인간적인

정상에서는 바람이 일기 시작한다. 정상은 모든 것이 모이는 장소이다. 변화는 그 본질이다. 이 변화 속에서 변화하지 않는 것이 존재하는가. 이 정상에서 실존 [나]의 본질이 느껴진다. 바람의 방향이 불규칙적으로 바뀐다. 우리 모습과 같다. 욕구하고 분노하고 취사(取捨)하고 애착한다. 자신을 드러내려 열심이고 그것이 이루어지지 못하면 분노한다. 좋은 것을 취하려 하고 영원하기를 갈구(渴求)한다. 우리는 이 정상 위에서 조용히 생각한다.

[우리 삶의 오류는 무엇인가. 우리를 실존 [나]로부터 멀어지게 하는 오류는 무엇인가. 인간적인 것에 대한 오류는 무엇인가.]

[나]는 고요함이다. 마음 흔들리고 불안해도 마음 놓아도 된다. 그 고요함이 나를 평온케 할 것이다.

거센 바람이 불어와 파도를 일으켜도 걱정 없다. 파도를 일으키는 것은 극히 표면일 뿐이다. 바다는 바람이 일어도 걱정하지 않는다. 실존 [나]도 그렇다.

어느 오후 스쳐지나는 바람이 들려주는 이야기

🍃 선한 나는 내가 아니며 악한 나도 내가 아니다. 선하고 악함은 사람들과의 관계일 뿐이다. 걱정 없다. 선한 자도 악하고, 악한 자도 선하다. 아주 특별한 경우를 제외하고는 우리가 그들을 악하게 한 것이며 우리가 그들을 선하게 한 것이다. 나의 선악도 그렇다.

    우리를 둘러싼 것들을 조용히 본다. 인간적인 것의 오류, 삶에 대한 양분의 오류, 현명함의 오류, 고귀함에 관한 오류, 삶의 구성에 관한 오류, 우리 시대 이 오류들 속에서 어떠한 인간도 어리석어지지 않을 수 없을 것 같다.

    우리는 우선 고귀한 것과 인간적인 것의 일치를 원한다. 그러나 이미 인간적인 것에 대한 가치는 추락했다. 우리가 바로 인간임에도, 인간적인 것은 피해야 하는 저급의 정신 상태를 나타내는 의미로까지 받아들여지고 있다. 우리는 인간적인 것과 운명론, 나약함을 일치시키려는 시도를 여러 곳에서 본다. 우리는 운명론과 그 나약함에 종속되어서는 안 된다. 그것을 인간적이라고 생각해서는 안 된다. 인간적인 것은 사자와도 같은 강인한 자유정신이다. 운명 따위는 관심 없다.

    삶을 고귀하게 유지하기 위해서, 시간이 걸리더라도 인간적인 것의 의미를 회복시켜야 한다. 무엇을 할 것인가 생각해 보라. 교육 과정을 바꾸면 될 것인가. 정치가를 바꾸면 될 것인가. 사회 부조

어느 오후 스쳐지나는 바람이 들려주는 이야기

리에 대항하여 투쟁하면 될 것인가. 나 아닌 자의 생각, 나 아닌 자의 행동을 바꾸어야 하겠는가. 크게 소용없는 일이다. 필요한 것은 타자(他者)가 아닌, 우리 행동이다. 자유정신을 행동으로. 이것이 우리 답이다.

인식은 나를 고양한다. 그러나 행동은 나를 파괴한다. 인식은 타자(他者)를 사랑하게 한다. 행동은 내가 타자(他者)가 되도록 한다. 인식은 잊혀진다. 행동은 영원히 기억 속에 있다. 인식은 생각한다. 행동은 결정한다. 인식은 변화시킨다. 행동은 결정시킨다.

타자(他者)의 행동을 강요하지 말라. 자신의 행동만이 타자(他者)를 움직일 것이다. 그리고 타자(他者)를 움직일 수 있는 것만 나 또한 움직일 수 있을 것이다.

실존 [나]를 발견하기 위한 여섯 번째 열쇠는 존재를 형상화하는 [행동]이다. 왜 행동이 [나]를 찾기 위한 방법인가. 인식과 행동은 무엇이 다른 것인가. 어디까지가 [행동]의 범위인가. 오랫동안의 사유가 필요하다.

고요함과 평온함은
고귀한 것과 인간적인 것에서 시작한다.
중요한 결정 기준이다.

 내면의 소리　12. 고귀한, 그리고 인간적인

13. 노예의 투쟁과 자유인의 투쟁

아직은 오전이다. 태양이 나뭇잎 사이에서 빛을 발하고 있다. 태양을 직접 볼 수는 없지만, 나뭇잎 사이로는 볼 수 있다. 저 엄청난 밝은 태양과 같은 것이, 실존 [나]와 유사할 것이다. 우리에게 나뭇잎이 필요한 것 아닌가. 나뭇잎 사이로 언뜻언뜻 보이는 태양을 보듯이, [나]는 결국 언뜻언뜻 볼 수밖에 없는 것인가.

[우리는 타자(他者)와 함께 살고 있고, 그들과의 투쟁을 통하여 삶은 비로소 만들어진다. 이를 피할 수 있는가. 우리는 무엇을 위해 투쟁해야 하는가.]

- [나는 있다]고 하여 [나]를 찾아도, [나는 없다]고 하여 찾지 않아도 모두가 맞는 말이다. 누군가는 모른다고 했지만.

- 바닷물이나 흙탕물이나 모두 근원은 물(水)이다. 그렇다고 [나]를 물(水)과 같은 변하지 않는 근원이라고 생각하지는 않겠지.

- 내가 [나]를 보지 못하는 이유는 타자(他者)를 보느라 [나]를 볼 시간이 없기 때문이다.

- 내가 [나]를 보지 못하는 이유는 타자(他者)에게 잘 보이려 [나]를 너무 치장하기 때문이다. 화장이 너무 두껍다.

어느 오후 스쳐지나는 바람이 들려주는 이야기

삶을 타자(他者)와의 투쟁이라고 생각하는 것은, 오랜 노예 생활에서 아직 풀려나지 못한 자에게서 볼 수 있는 반드시 피해야 하는 발상이다. 우선, 우리는 스스로에 대한 불신과 회의를 해결해야 한다. 삶은 존재에 대한 의문으로 가득 차 있어, 존재 탐구에 오랜 시간을 할애해야 하기 때문이다. 삶은 인간 일반 즉 타자(他者)와의 투쟁이 아니라, 자신의 의지를 완성하는 과정이다. 그러나 자신만이 존재하는 고독한 사유 세계의 길로 접어들면 바로 회의와 불안에 싸이게 된다. 이 길이 과연 정상으로 가는 길인지, 영원한 미로 속에서 굶주림과 추위에 고통을 겪어야 할 길인지에 대한 [미지와 두려움] 때문이다.

우리에게는 지금, 편안한 마음(安心)과 편안한 즐거움(安樂)에 대한 믿음과 확신이 필요하다. 걱정하지 말 것. 희망으로 자신을 고양할 것. 지친 노예 상태로부터의 탈출이 필요하다. 무엇을 망설이고 있는가. 희망에 대한 역설적 표현으로 인간을 미혹시키는 우화(寓話) 판도라의 상자 로 인해, 우리 희망을 과소평가해서는 안 된다.

우리는 타인과 독립적인 [자신의 길]을 갈 때만 비로소 자유로울 수 있다. 모든 것이 자신의 의지에 의해 수행되고 성취되는 까닭이다. 사람들이 생각하는 바와 같이, 타자(他者)와의 투쟁 속에서 자신의 의지가 표출될 수 있으리라는 기대는 하지 않는 것이 좋다. 우리는 독립적 자신의 길에서 존재를 형상화한다. 작은 일들로 사람들과 투쟁하지 않는 것이 좋다. 표출되기도 전에 우리 고귀한 의지가 진흙으로 더럽혀질 것이다. 진흙 속에서는 진주와 생선의 눈(魚目)은 잘 구별되지 않는다. 과연 우리가 자신의 힘으로 우리 삶을 투쟁으로부터 자유롭게 할 수 있을지 생각해 보자. 우리 욕망과 욕구 그로부터의 분노, 이기심, 끊임없는 집착에서 자유로울 수 있을지 생각해 보자. 결국, 투쟁으로부터의 자유를 위해서는 타자(他者)가 아닌 타자(他者)에 의한 치유는 일시적일 뿐이다. [나]로부터의 변화가 필요하다. 아무도 그것을 가르쳐 주지 않는다. 교육자와 교육 기관도 없다. 삶의 과도한 풍요와 유희(遊戱)를 위해 삶이 투쟁화되고, 그것을 위해 우리 모든 것이 희생되어서는 안 된다.

우리는 타자(他者)와의 투쟁 없는 삶을 희망한다. 의식주(衣食住) 모든 것이 갖추어져 있다면 그와 같은 삶이 가능하겠는가. 삶이 투쟁화된 것이 가난 때문인가. 그렇지 않다는 것은 분명하다. 그러면 무엇을 어떻게 해야 할지도 자명하다.

투쟁은 타자(他者)에 기인하는 것이 아니다. 모두 알지만, 모르는 척한다.

어느 오후 스쳐지나는 바람이 들려주는 이야기

다른 사람을 이기는 것이 아니라, 내 길을 가는 것이 결정의 기준이면, 그것으로 충분하다.

 내면의 소리   13. 노예의 투쟁과 자유인의 투쟁

14. 의지의 변형과 통합

감동은 우리를 변화시키는가. 작은 말 한마디가 인간을 움직이는가. 누군가의 이야기가 우리를 감동시키는가. 우리는 감동을 주는 이야기를 원하는가. 감동이란 무엇인가. 결국, 자신의 아픔과 아쉬움, 때로는 기쁨을 상기시키는 것이다.

우리는 감정을 극복하고 [나] 그리고 타자(他者) 최대 다수 최대 행복을 구하기 위해 여기까지 왔다. 우리 철학은 나를 위로하는 치유가 목표가 아니다. 타자를 위로하는 격려의 말도 아니다. 우리는 자신, 타자(他者), 인간 일반의 위기를 극복하는 철학을 도출하기 위한 준비를 하고 있다. 감동과 감성 속에서 눈물 흘리고 기뻐하고 공감하는 여유로움은 잠시 잊어야 한다. 여기 우리는 어려운 단어 집합 속에 들어 있을지 모르는 진리를 찾기 위해, 모두 인내하고 있다.

[[나]를 발견하기 위한 우리 행동 지향점은 어디인가. 이 같은 행동을 일으키는 의지 작용의 기원은 무엇인가.] 우리 삶 속에서 쓸모없는 거짓 나를 위한 의지의 투쟁과 실존 [나]에 대하여 사유한다.

자신이 타자(他者)보다 우월해 보이고 다르게 보이면, [나]와 가장 멀어진 때이다. 실존 [니]는 가장 낮은 곳에 있기 때문이다.

어느 오후 스쳐지나는 바람이 들려주는 이야기

- 내가 원하는 것과 타자(他者)가 원하는 것이 같으면 모든 갈등이 사라진다. 타자(他者)가 원하는 것이 나를 힘들게 할 것 같은데 꼭 그렇지만도 않다. 걱정 없다.

- 내가 변해 놓고 보통 타자(他者)가 변했다고 불평한다. 만일 내가 변하지 않을 수 있다면 시간마저 멈출 것이다. [나]는 변화한다. 마치 산(山)과 같이.

- 우리는 너그러운 자를 만나기 어렵다. 그런 자를 만나면, 그를 놓치지 않는 것이 좋다. 그는 나를 너그럽게 하고 [나]를 발견하는 데 도움이 된다. 너그러워지면 오래지 않아 숨어 있던 내가 나타낸다.

- [나]는 나에게 숨어있는 것이 아니라 타자(他者)에 숨어 있는가. 타자(他者)가 자유로워지면 [그]가 나에게 달려온다. 내 주위 열 사람이 자유로우면 이 세상 모두가 자유롭다.

   우리 인간 일반 [의지]는 자신의 [존재]와 [인식]의 통합 사유 작용으로 실현된다. 이때 타자(他者)와의 투쟁은 자기 의지 실현에 어떤 의미도 부여하지 않는다. 인간이 타자(他者) 의지와 투쟁해야 한다면, 이미 그 의지로 자신 의지 작용이 영향받게 되며, 이로써 자신 의지 작용이 변형된다. 자신의 순수한 의지 작용이 단순히 타자 의지 작용과 일치하지 않음에도 불구하고 (타자 의지 작용과 무관하게) 자신 의지가 변형되지 않을 수는 없다. 우리는 본능적 자기 보호 의지로 인해, 의지 변형 욕구로부터 자신 의지를 그대로 지키기가 쉽지 않기 때문이다.

그러므로 자기 삶을 자신 의지대로 구성하려 한다면, 타자 의지에 대한 투쟁 또는 반작용으로서 자신 의지를 변형시켜서는 안 된다. 즉, 타자 의지 근원을 성찰하고, 그로부터 그 존재와 인식 작용을 사유함으로써, 타자 의지를 자기화해야 한다. 타자 의지가 자기화되면 이제 타자 의지는 더 이상 투쟁 대상이 아니며, 바로 자기 의지 작용과 통합된다. 내 의지가 타자 의지이며, 타자 의지가 내 의지가 된다. [타자와 나의 의지 동질화] 이는 천진한 어린아이와 같이 뛰놀 때 우리 베풂의 마음과 비슷하다. 보통 어른들은 아이들이 자기주장을 펼 때, 아이들의 인식 상태, 존재 상태를 모두 살피고, 그들의 의지를 들어 준다.

그러나 본능적 자기 보호에의 의지는 타자 의지 자기화 과정보다 보통 강력하다. 이와 같은 의지 투쟁은 자기 의지를 변형시키고, 이 변형된 의지로 인해 자신 존재와 인식을 포함하는 사유를 변형시킨다. 이때 우리는 타자 의지가 자신 의지를 변형시켰음에도 불구하고, 자기화를 통한 의지 통합으로 잘못 인식하는 오류를 범하기도 한다. 타자(他者) 의지에 의한 [자기 의지 변형 또는 통합]은 타자 의지의 자기화 과정 차이에 의해 구분 가능하다. [의지의 변형]은 자기 사유 공간이 증감 없이 변형될 뿐이며 [의지의 통합]은 자기 사유 공간에 타인의 사유가 더해져 확대, 통합된다.

어느 오후 스쳐지나는 바람이 들려주는 이야기

산에 오를 때, 두 가지 길 앞에서 타자 의지에 따라 자기 의지와 다른 길을 택한다면, 보통 그 산 초행자의 경우, 자신이 가 보았던 길에 대한 미련으로 불만을 가진다. [의지의 변형] 그러나 산에 대해 모든 길을 아는 등반가는 두 길 중 어느 길의 선택도 자신의 마음(의지)에 영향을 미치지 않는다. 그는 이미 산을 잘 알기 때문이다. [의지의 통합] 이와 같이 삶을 타자와의 투쟁으로 생각하면, 우리 인간 일반은 끊임없이 자기 의지 변형과 이로 인한 통합 사유 공간의 변형을 겪지 않을 수 없다. 그들은 어느새 자기 의지가 방향을 잃고 있음을 발견하게 될 것이다. 누구도 보통 우리가 할 수 없는 것을 원하지 않는다. 우리는 오래된 투쟁 습관으로, 타자와의 투쟁을 선택할 뿐이다.

나와 타자(他者)는 무엇이 다른지, 어떻게 다른지 생각한다. 타자 의지가 모두 실현되면 나에게 불리한지 생각한다. 타자(他者)와 작은 일로 투쟁하지 말라. 우리는 왜 철학과 진리를 찾는지 생각한다. 우리는 자유로운지 생각한다. 쇠사슬에 묶여 있는지 생각한다. 타자(他者)와 작은 일로 투쟁하지 말라. 그들을 인정하여 자유롭게 해주는 것이 좋다. 그들이 자유롭지 않은 한, 나도 절대 자유로울 수 없다. 그들 타자(他者) 의 자유가 바로 나의 자유이다. 그들이 자유로울 때 비로소 실존 [나]는 그 모습을 드러낼 것이다. 우리는 존재를 형상화한다.

다른 사람 생각과 내 생각을 통합할 수 있다면
어떤 결정도 아무 문제 없다.

 내면의 소리   14. 의지의 변형과 통합

15. 자연 상태와 식물원

[우리가 진정으로 원하는 삶은 무엇인가.]

🌀 연못을 비추는 나를 찾기 위해 물속으로 뛰어들지 말라. 연못에 비추어지는 나를 보는 내가 [나]이다.

🌀 자신을 강(强)하다고 생각하는가. 악(惡)해지지는 말라. 실존 [나]는 타자(他者)에게 강하지 않다. 그렇게 비추어진다면 그들이 보는 것은 실존, [나]가 아니다.

우리는 질문한다. 우리 인간은 언제 어떤 상태에서 가장 편안함을 느끼는가. 유럽의 어느 천재적인 철학자 루소(Jean-Jacques Rousseau)가 말했듯이, 문명 상태로부터 도피함으로써 얻어진 자연 상태에서 편안함을 느끼는가. 우리는 사람들과의 관계 속에서는 편안함을 느낄 수 없는가. 그렇다면 우리는 안정상태, 즉 지금까지 자연 상태라고 느껴졌던 것의 본질은 무엇인가.

우리 인간이 자연 속에서 어느 정도 안정감을 느끼게 되는 원인은 자신의 [힘] 때문이다. 눈에 보이는 모든 식물과 곤충들 속에서 우리는 자신이 가장 힘이 있는 존재임을 의식하지는 않지만 느끼고, 이로써 편안함을 느낀다. 그러나 사실 우리는 자연에서 조그마한 독침을 가진 곤충이나 자신을 해칠 수 있는 동물을 발견한 순간, 모든 [안정감]이 사라짐을 느낀다. 일반적으로 사람들이 생각하는 바람직한 자연 상태는 모든 위험 요소가 배제된 식물원을 의미한다고 보면 된다. 이 힘과 안정감의 원리는 인간 사이에서도 동일하게 적용된다.

우리 삶을 안정되고 편안하게 만들고 싶은가. 자연은 알기 쉬운 원리와 규칙을 따라 움직인다. 자연은 나와 경쟁하지도 투쟁하지도 않는다. 그래서 편안하다. 자연 속으로 돌아가는 것이 아니라, 우리 삶을 [자연의 속성]과 닮도록 만들어야 한다. 인식과 함께 [행동(行動)]으로서.

우리가 진정으로 원하는 삶은 편안함인가, 의지 실현인가. 의지 실현이 편안함을 위한 것이라면, 둘 사이 차이는 없다. 의지 실현을 자랑할 것 없다.

우리는 [인식의 행동화]에 대하여 깊이 사유한다. 그리고 [인식의 행동화]를 통한 [존재의 형상화, 존재의 실존화]를 시도한다.

강하지만 악하지 않은 사람은 어떤 결정도 아무 문제 없다.

내면의 소리   15. 자연 상태와 식물원

16. 신(神)이 사랑하는 자

[신(神)은 우리가 찾는 존재 형상화에 어떤 도움을 주는가.]

- [나]는 완전성의 특징을 가진다. 그러므로 신(神)이 [나]를 찾게 해주지는 못한다.

- [나]는 시간에 독립적이다. 10년 전 나와 지금의 내가 변하지 않은 것은 무엇인가. 생각은 계속 변화한다. 그렇다면 데카르트의 주장과 달리, 생각은 내가 아니다. [나]는 생각과 무관하다.

- [나]를 찾기 위해서는 인간의 계곡을 넘어 신(神)의 계곡까지 넘어야 한다. 신(神)의 계곡을 넘지 못하면 결국 신(神)의 노예일 뿐이다. 물론 그것으로 충분할 수도 있다.

- 신(神)을 포함하여 누군가 자신을 인도해 주기를 바라는 것은 자신은 눈을 감고 있겠다는 것과 다르지 않다. 눈을 감고서는 자유로울 수 없다.

　　우리 인간 일반이 삶을 자기 의지대로 성취하기 위해서, 그리고 삶에 대한 안정감을 획득하기 위해서는, 타자(他者)를 압도할 수

오늘 아무것도 결정하지 못하고 밤을 맞은 사람에게

있는 힘이 필요하다. 그러나 일반적으로 완전한 인간은 없으므로 사실 그것은 불가능하다. 그래도 완전성에 접근한 힘을 갖고자 한다면 신(神)과 같은 완전성을 가진 그 힘은 어디에 존재할 것인가 사유한다.

　　엄청난 양의 재력과 권력에 의한 물리적 의미의 외적 우월성으로 다른 사람들에 대한 능동적 힘을 가질 수 있다. 우리 시대에는 경제력과 권력을 포함하는 물리적 의미의 외적 우월성이 내적 사유 우월성을 압도하는 듯하다. 그러나 진정한 힘의 근원은 시간 또는 외부 요인에 의해 변화하지 않아야 한다. 따라서 인간 일반은 물리적 의미의 외적 우월성으로는 완전한 안정감을 성취할 수 없다. 안정감을 얻기 위해서, 혹시 삶의 목표를 이곳에 두었다면 서둘러 수정해야 할 것이다.

　　그렇지만 최소한의 물리적 의미의 우월성으로 자신을 지킬 수 있는 독립성을 가질 필요는 있다. 이 독립성은 자신의 영원한 내적 사유 힘을 성취하기 위한 기회를 증대시켜 주기 때문이다.

　　우리는 종교를 통해 삶에 대한 안정감을 찾을 수 있다. 자신이 소유하지 못한 힘을 신을 통해 얻는 듯한 느낌 때문이다. 종교적 신(神)은 물리적 그리고 사유의 우월성을 포괄적으로 소유한 [힘의 가상적 실체]이며, 우리는 신(神)에게 의지함으로써 보호받기를 원한다. 신(神)에게 머리 숙임으로써, 자신이 신으로부터 외면당하지는 않을 것으로 믿으며, 이로써 삶의 안정을 보장받으려는 것이다.

어느 오후 스쳐지나는 바람이 들려주는 이야기

신이 사랑하는 사람은 그가 어떤 결정을 해도 아무 문제 없다.
그런 사람이 되기가 쉽지는 않겠지만.

내면의 소리

16. 신이 사랑하는 자

17. 존재의 실체

[존재 [나]를 찾으려 할 때, 우리는 실제 무엇을 찾는 것인가.]

- 우리의 주변에는 진리로 가득 차 있음이 틀림없다. 그 얼굴은 천 가지이다. 나는 [나]를 보는가. 대상(對象)을 보는가.

- [나]는 분명 그렇게 깊은 곳에 숨어 있지 않다. 하루에도 몇 번씩 나를 들렀다 가는 것을 보아서는. 외면하는 것은 우리이다. 지금 행복해서 그리고 불행해서. 변명은 충분하다.

- 물은 끊임없이 낮은 곳을 향한다. 그렇다고 바다가 목적지라고 생각하면 곤란하다.

    우리가 각자 가지고 있는 삶의 의미를 회복하여 평온함과 안정감을 주는 피안(彼岸)의 세계로 들어가는 문은 우리 자신의 존재로부터 그렇게 멀리 떨어져 있지 않다. 우리 인식자는 자기 존재의 실체를 천천히 그리고 깊이 인식하고, 우리 내부의 [무(無)시간적 무한 존재]를 발견하도록 천천히 사유해야 한다. 우리는 모두, 자신을 회복시키고 사유 공간 속 모든 어려움과 고뇌를 녹이는 뜨거운 불덩

어느 오후 스쳐지나는 바람이 들려주는 이야기

이 같은 자신의 실존(實存)을 발견할 수 있는 근원적 힘을 가지고 있다.

　　존재에 대한 탐구를 시작하자. 우리 자신의 실존을 인식(認識)하자. 우리 자신의 실존을 의지(意志)하자. 문을 나서면, 오래지 않아 자신이 성취해야 하는 삶의 목표가 무엇인지를 곧 인식하게 될 것이다. [실존은 목표를 명확히 한다.] 이제 우리는 지금까지 인식하지 못해 왔던 [자신 속에 숨어 있는 알 수 없는 힘을 가진 존재, 실존]을 그냥 지나치지 않는다. 이 실존에의 의지와 그에 대한 인식을 제외하고, 더 의미 있는 일은 우리 삶 중에서 생각하기 어렵다. 왜냐하면 그것은 세상 모든 것을 바꾸어 버리기 때문이다. 우리는 실존을 찾는다.

　　세상을 직접 바꾸는 것은 불가능하다. 그런데 나를 바꾸면, 이 세상은 새벽 아침과 함께 어느새 바뀐다.

　　정상의 바람이 차갑다. 이 차가운 바람은 자신이 뜨겁다는 증거이다. 이것이 존재의 실체이다. 자신의 존재는 대상(對象)에 의해 나타난다. 나를 자극하는 대상(對象)이 없으면 나는 실존하지 않는다. 실존[나]는 타자(他者)와 공존한다.

어느 오후 스쳐지나는 바람이 들려주는 이야기

나를 찾은 사람은 그가 어떤 결정을 해도 아무 문제 없다.
나를 찾기가 쉽지는 않겠지만.

 내면의 소리　17. 존재의 실체

18. 참과 진리

진리를 발견하는 주체는 우리가 찾는 실존 [나]이다. 그러므로 그 주체를 발견하지 못하면 결국 진리를 발견하지 못할 것이다.

[우리가 발견하려는 진리가 무엇인가. 진리는 우리에게 무엇을 주는가.]

- [나]를 찾는데, 찾아 좋은 것이 무엇인지를 염두에 둔다면 그만두는 것이 좋다. 점점 더 멀어질 것이다.

- 진리를 보편타당한 것으로 보는 것은 철학자들의 오만이다. 진리는 상당히 개별적이다. 진리는 인간 일반의 수만큼 존재한다. 그 진리는 존재 [나]로부터 출발하기 때문이다.

- [나]는 나에게 있는데 [나]를 찾아 나선다. 소박한 곡식이 가득 있는데 먹을 것을 찾아 나서는 것과 같다. 기름지고 맛있는 것을 찾아 헤매다 결국 소박한 음식을 찾는다.

- 내가 찾는 진리와 네가 찾는 진리가 다르지 않음을 알 수 있다면, 우리는 모두, 서로 다투지 않게 될 것이다.

- 세상에 대해 아는 것은 몇 가지뿐이다. 그러나 나에 대해서는 무수히 알고 있다. 그것을 진리라고 하지는 않겠지만.

- 지금 진리를 모른다고 마음 쓸 것 없다. 진리를 안다고 하는 사람들도 대부분 잘못 알고 있기 때문이다. 그래도 우리 모두를 자유롭고 평온하게 해 주는 그것이 있음은 틀림없다.

- 하루에 하나씩 진리 [나]를 발견해도 아침마다 어리석어진다. [나]를 발견해도 소용없다. [나]는 아무것도 주지 않는다.

진리의 근원이 자신 [즉, 인식의 주체]임을 실제로 자각할 수 있는 사람은 실제 그렇게 많지 않다. 우리가 알 수 있는 진리 범위의 유한성으로, 진리 주체와 그 대상을 바로 인식하지 못해, 삶이 어지럽다.

[물은 높은 곳에서 낮은 곳으로 흐른다.]라는 명제는 참으로 판단할 수 있다. 그러나 샘으로부터 분출하는 물은 낮은 곳에서 높은 곳으로 흐를 수 있으므로 위의 명제는 이렇게 바뀌어야 할 것이다. [물은 자연상태에서 동일한 압력을 받는 한, 높은 곳에서 낮은 곳으로 흐른다.] 우리는 처음 명제의 구체화를 발견할 수 있으며, 이로써 명제는 더욱 참에 가까워졌음을 느낄 수 있다. 그러나 문제는 여기에 그치지 않는다. 자연상태의 정의가 명확하게 되어야 하는데 무중력 상태에서는 물의 흐름이 없다는 것이 사유 가능하기 때문에 위 명제는 중력 상태에 대한 구체적 조건이 필요하다.

어느 오후 스쳐지나는 바람이 들려주는 이야기

물의 물성에 대한 고찰도 필요하다. 고체 상태 물이나 기체 상태 물은 반드시 높은 곳에서 낮은 곳으로 흐르지는 않기 때문이다. 이로부터 처음 명제는 다시 이렇게 변경된다. [높은 곳에 있는 액체 상태의 물은 중력이 작용하는 곳의 자연상태에서 그리고 동일한 압력을 받는 조건에서 낮은 곳으로 흐른다.] 여기에 높고 낮음에 대한 시각차가 발견되는데, 우리 고려(考慮)에 지구 외부로부터의 시각이 추가된다면 높고 낮음 개념 혼란이 발생하므로, 높음의 기준은 [지구의 중심을 기준으로 먼 곳에 있는]으로 변경이 필요하다. 또한, 바다의 물은 지구와 달과의 인력 변화로, 낮은 곳에서 높은 곳으로 흐를 수 있으므로, 이에 대한 수정 또한 필요할 것이다. 여기에, 물은 전기적 극성을 띠고 있으므로 동일한 높이에서도 강력한 전기적 힘에 의히여 흐름이 가능하다.

[도대체 물의 흐름에 관한 이 간단했던 명제는 얼마나 길어져야 보편타당한 참이 될 것인가.] 이는 인간의 인식 수준에 따라 변화될 것이다. 즉 이 명제는 인간의 인식 수준이 증대되면 계속 변화되어야 할 것으로 생각할 수 있다.

이처럼, 물의 흐름에 관한 당연하다고 생각했던 간단한 명제는 영원히 참으로 될 수 없는 운명인 것 같다. 여기서 우리는 한가지 사실을 발견하는데 그것은 바로 [진리는 인식 주체에 따라 변경된다.]는 사실이다. 원시 상태에서의 한 인간이 일정한 지역에서만 거주한 경우, 그는 죽는 순간까지 최초의 명제 [물은 높은 곳에서 낮은 곳으로 흐른다.]를 진정한 진리로 믿고 죽어갔을 것이다. 이로부터 명제(진리)는 특정 인식 주체의 특정 시간과 특정 공간 조건이 주어져야 할 것으로 생각할 수 있다. 특정 인식 주체 의지로부터, 특정 시간을 사유할 수 있으며, 특정 인식 주체 의지로, 특정 공간을 사유할 수 있다.

그러므로 명제는 특정한 인식 주체 의지에 의해 진리로서 사유 가능하다. 그러므로 인식 주체의 의지가 진리를 창조한다. 나는 시냇물이 흐르는 이곳, 아침 햇살이 가득한 이때 공간과 시간은 인식 주체인 내 의지에 의해 결정된다. [높은 곳의 물은 낮은 곳으로 흐른다.]를 진리로써 인식한다. 이와 같이 진리는 일반화되는 것이 아니라, 인식 주체에 의해 의지되고 인식된다. 진리는 나에 의해 창조되는 것이다. [직각 삼각형에서 제일 긴 변의 제곱은 다른 두 변을 각각 제곱한 값의 합과 같다.] 이 명제 또한 기본 기하학적 전제와 절대 평면의 가정 등, 매우 긴 가정을 통해 비로소 참으로 받아들여질 수 있다.

우리는 여기서 또 다른 중요한 개념의 도입이 필요한데, 그것은 [참과 진리의 분리]이다. 진리는 인식 주체에 의해 인정돼야 하는 것임에 틀림없다. 그러므로 참과 거짓이 주체에게 인식되지 않는 명제를 진리라고 할 수 없다. 위의 기하학적 명제는 참이다. 그러나 위 명제는 기하학적 관련 지식이 없는 자에게는 참과 거짓의 판별이 불가능하다. 그러므로 위 명제는 대부분 수학적 명제에서 그러하듯이 수학적, 기하학적 지식을 가진 인식 주체에게는 참이면서 진리이나, 그렇지 못한 인식 주체에게는 참이지만 진리는 아니다.

우리는 다시 결론 내린다. 진리는 특정한 인식 주체에 의하여 의지될 때 진리로 탄생한다. 진리는 모든 인간에게 스스로 다가서는 것은 아니다. 진리는 개별적이다. 진리는 여러 가지이다. 여기에서 진리는 우주 전체를 통합하는 절대 진리를 말하는 것은 아니다. 우리는 물론, 개별 진리를 통합하는 절대 진리를 최종 목적한다. 어떠한 위대한 철학자가 주장하는 진리도 다른 개체가 이해 인식 하지 못한다면, 그 진리는 그 철학자의 진리일 뿐이다. 우리는 모든 사람에게 자신의 진리를 인식시키려 너무 힘든 노력을 할 필요 없다. 진리를 창조하는 자는 자신 스스로이다. 동일한 원리로, 가치를 창조하는 자도 자신이다. 그러므로 사실, 진리를 알려주고 싶어도 알려줄 수 없다. 진리는 인식 주체의 의지에 따라 변화한다. 이것이 존재 [나]에 침잠하고 또 실존 [나]를 발견해야 하는 이유이다.

우리는 [인식하는 주체가 의지하는 것], 이것을 그는 존재 [나]에 대한 형상화 단서로써 제시한다. 물론 이것이 실존 [나]는 아니다. 하지만 [나]를 어떻게 형상화할지 알지 못할 때, [허공 속 나무 한 그루] 같은 실마리를 제공한다. 가상의 그리고 진리인 것 같지 않은 이 불분명한 존재 [나]를 어떻게 형상화 시킬 것인가는 결국 우리 각자의 몫이다.

어느 오후 스쳐지나는 바람이 들려주는 이야기

참과 진리를 구분할 줄 아는 사람은 그가 어떤 결정을 해도 아무 문제 없다.
구분이 쉽지는 않겠지만.

 내면의 소리　18. 참과 진리

19. 삶의 황폐함

[우리 삶은 과연 진전된 것인가. 우리가 그것을 잘 느끼지 못하는 이유는 무엇인가.]

- 삶의 황폐함과 충만함의 차이는 [자신과 타자(他者)를 분별(分別) 함] 여부에 달려 있다. 분별(分別)을 택하면 황폐함에서 벗어나기는 어렵다.

- 죽음은 충분한 휴식을 준다. 죽음을 알면 삶의 목적이 달라진다. 휴식의 내용도 달라진다.

- 아무 일도, 아무 생각도 하지 않는 것은 휴식이 아니라 죽음이다. 굳이 죽음을 목표로 살 필요는 없다.

　　우리 인간 일반은 대부분 정신적 황폐함 속으로 천천히 빠져들고 있다. 우리는 일에 쫓기지 않으면 초조하다. 한가한 오후 시간의 아늑함을 즐길만한 여유도 없으며, 어떤 일인가를 하는 중에만 휴식할 수 있다. 이야기해야 마음이 편안해지고 혼자 있을 때는 불안하다. 정확히 말하면 사람들 속에서 이런 모습을 보이는 것이, 자신이 지극히 정상이라는 증거라도 되듯이 의식적으로 분주하다.

어느 오후 스쳐지나는 바람이 들려주는 이야기

오늘 아무것도 결정하지 못하고 밤을 맞은 사람에게

　　우리 대부분은 억압적 문명으로부터 여분의 시간을 소화할 만한 정신적 소양을 갖지 못함으로써 발생한, 기형적 인간일 수 있다. 자신의 인식에서 발생되는 모든 정신적 사고(思考)를 소화할 능력이 부족하기 때문에, 대화 속에는 소음만이 있을 뿐이다. 지식의 더미를 주워다가 자랑스레 이야기하고, 자신의 정신적 인식 능력의 무능함이 드러날듯싶으면 무시하려는 태도를 보이거나, 어느새 증오의 눈빛과 함께 도망친다. 그런데 더욱 어려운 것은, 사실 별로 할 이야기가 없다는 것이다. 만일 누군가가 신문, 텔레비전 이야깃거리를 만들어 주지 않는다면, 하루 종일 침묵해야 할 것이다. 아무 일도 하지 않는다고 휴식하는 것은 아니다.

　　문명은 억압적 요소를 포함한다. 이에 희생되지 않으려면, 문명을 교묘히 이용하여 과도한 이득을 취하려는 자들의 의도를 파괴하거나 역이용해야 한다.

　　삶의 황폐함 속에서 우리가 편히 쉴 곳은 어디인가. 이 황폐함을 다시 비옥한 [충만]으로 바꿀 수 있는 자는 누구인가. 지금 여기 있는 우리이다. 삶의 황폐함은 오랫동안 지속된 우리 이기심 결과이기도 하다. 그러므로 그 해결책도 이미 정해져 있다.

어느 오후 스쳐지나는 바람이 들려주는 이야기

자신과 타인을 분별하지 않는 사람은 그가 어떤 결정을 해도 아무 문제 없다.
분별하지 않음이 쉽지는 않겠지만.

내면의 소리　　19. 삶의 황폐함

20. 인도자를 위한 지식

　　　행동을 통해 존재 [나]가 형상화되고, 그 형상이 모이면 무엇이 실존 [나]인지 발견될 것이다. 우리는 자기 인식과 행동에 대하여 사유한다.

　　　[우리 대부분이 실존 [나] 그리고 진리를 찾는 데 실패하는 이유는 무엇인가.]

- [나]를 찾지 못하는 이유 중 하나는 겸손함의 부족이다. 그러나 때때로 이익이 될 만한 자에게는 가장된 겸손함과 공손함을 보인다. 무엇이 이익이 되는지도 모르면서.

- 나에게 이익이 되는 것은 실존 [나]에게 이익이 되지 못한다. 보통 나에게 이익이 되는 것은 타자(他者)에게 손해가 되는 것이 많기 때문이다.

- 절대다수에게 도움이 되기 위해서는 약자 중심의 진리를 탐구할 수밖에 없다. 그러므로 우선, 강자에게 철학을 교육해야 한다.

- 나는 존재 [나]를 찾고 있지만, 실존 [나]는 나를 보고 있음이 틀림없다.

우리 시대 사람들의 또 다른 특징은 겸손하지 못하다는 것이다. 이들은 자신의 사유 능력이 아직 미약하며, 자신의 정신으로부터 고귀함과 진리를 창조하기에는 부족함에도 불구하고, 자신을 이끌 수 있는 어떤 숭고한 사유 소유자 말도 귀담아듣지 않는다. 우리는 존경하는 자를 두려고 하지 않는다. 이는 그들 책임이 아니라, 철학적 인도자들 책임이다.

인간의 숭고함에 대한 판단 기준이 불명확하여, 누가 존경할 만한 자(者)인지조차 혼란스럽다. 자신이 다른 사람의 사유를 따른다는 것은 자신의 인간적 가치마저 굴복당하는 것으로 오인(誤認)하고 있다. 권력, 명예, 부와 같은 외면적 가치를 추종하는 것이 바람직하지 않다는 것을 인식하고 있는듯하지만, 사실 이런 가치를 제외한 어떤 다른 가치를 추종해야 하는지 알지 못한다. 우리는 정신적 사유 세계 추구로부터 자신의 삶에 직접 도움이 되는 것을 발견하지 못했기 때문에, 숭고한 인간의 가치에 대하여 회의적일 수밖에 없다. 이 같은 '정신 무용성'에는 우리 시대 철학적 인도자의 무능력도 중요한 원인이다. 우리 인간 일반은 자신의 삶에 유용한 것을 선택할 수밖에 없다. 이들에게 정신의 고귀함과 유용성을 인식시키는 것은 위대한 정신, 철학자의 몫이다.

우리 시대 철학적 인도자의 나태함은 어떤 심각한 전쟁보다도 더 위험스럽게 확산되고 있다. 이로 말미암아 사유와 철학은 어두운 지하실로 밀려들어 갔다. 우리는 이 철학을 거리의 광장으로 끌어내어, 모든 인간 일반이 몰려들도록, 사유 가치와 철학에 힘을 주고, 그들과 대화해야 한다. 지금은 사람들을 인도하기에 앞서, 그들을 인도할 철학자들을 먼저 교육하고 양성해야 하는 역사상 유례없는 사상과 철학의 암흑시대이다.

이제 우리의 철학으로 사람들에게 사유의 겸손함을 회복시켜 주어야 한다. 철학자 위대한 정신 의 부재 속에서 타락한 정신의 오염을 씻어주고, 그들에게 진정한 사유 즐거움과 그 사유로부터 [평등적 삶의 자유]와 그 유용성을 발견하도록 도와야 한다. 나태했던 삶의 인도자 철학자 는, 우리 젊은 자 그리고 젊고자 하는 자가, 철학이 무력화된 암흑의 시대를 벗어날 수 있도록, 그리고 새로운 고귀한 가치 인도자로서 그 역할을 수행할 수 있도록, 서둘러 그들을 도와주어야 할 것이다. 바로 지금, [인식에서 행동으로].

행동은 타자(他者)뿐 아니라, 나도 함께 설득한다. 지금 바로 책을 꺼내 읽고, 지금 바로 나를 억압하는 욕망을 파괴하고 그리고 웃음 짓자.

행동으로 내 속에 잠자고 있던 실존이 깨어날 가능성이 있는 것은 틀림없다. 때로는 갈채와 투쟁을 하고, 때로는 동의와 반발을 하는, 깊이 숨어 있는 것, 잠자고 있는 것, 이것이 실존 [나]이다.

어느 오후 스쳐지나는 바람이 들려주는 이야기

내면의 소리   20. 인도자를 위한 지식

오늘 아무것도 결정하지 못하고 밤을 맞은 사람에게
어느 오후 스쳐지나는 바람이 들려주는 이야기

❀ 오늘 아무것도 결정하지 못하고 밤을 맞은 사람에게

1. 인식의 세가지 단계　　　　　　　　　　　11
2. 오인　　　　　　　　　　　　　　　　　17
3. 수용적 변화와 창조적 변화　　　　　　　22
4. 반사회적 동물　　　　　　　　　　　　　28
5. 집단 중심적 삶의 세가지 과(過)　　　　　33
6. 인류 생존의 역사　　　　　　　　　　　39
7. 인식에서 행동으로　　　　　　　　　　　44
8. 비발디적 명랑함　　　　　　　　　　　　49
9. 의지의 부정　　　　　　　　　　　　　　53
10. 어리석은 현명함　　　　　　　　　　　60
11. 겸손의 문　　　　　　　　　　　　　　65
12. 고귀한, 그리고 인간적인　　　　　　　71
13. 노예의 투쟁과 자유인의 투쟁　　　　　76
14. 의지의 변형과 통합　　　　　　　　　81
15. 자연 상태와 식물원　　　　　　　　　87
16. 신이 사랑하는 자　　　　　　　　　　91
17. 존재의 실체　　　　　　　　　　　　　95
18. 참과 진리　　　　　　　　　　　　　　99
19. 삶의 황폐함　　　　　　　　　　　　106
20. 인도자를 위한 지식　　　　　　　　　110

어느 오후 스쳐지나는 바람이 들려주는 이야기

1

오늘, 사랑에 빠져 가슴 설레는 사람에게
어느 오후 스쳐지나는 바람이 들려주는 이야기

1. 사랑의 진정한 가치는 무엇인가   2. 사랑은 열정적이어야 하는가
3. 사랑의 묘약은 어디에 있는가   4. 사랑은 진리를 달성하게 하는가
5. 비밀은 사랑을 깨뜨리는가   6. 사랑은 공유하는 것인가
7. 사랑은 오랫동안 지속될 수 있는가   8. 사랑의 기술은 무엇인가
9. 사랑은 조건이 필요 없는가   10. 사랑은 아름다워야 하는가
11. 사랑은 주는 것인가   12. 사랑은 어떤 향기가 나는가
13. 사랑은 시간과 함께 쇠퇴하는가   14. 사랑을 위한 주의사항은 무엇인가
15. 사랑은 그렇게 즐거운 것인가   16. 사랑의 제 1 규칙은 무엇인가
17. 사랑은 징표를 남기는가   18. 사랑은 편안한 것인가
19. 사랑은 희생을 전제로 하는가   20. 사랑은 감성인가 이성인가

2

오늘, 자신이 자유롭지 못하다고 생각하는 사람에게
어느 오후 스쳐지나는 바람이 들려주는 이야기

1. 우리는 진정으로 자유로울 수 있는가   2. 자유는 투쟁하여 얻을 수 있는 것인가
3. 자유를 위해 필요한 것은 무엇인가   4. 우리는 정말 자유에 도달할 수 있는가
5. 자유로워 지려고 하는 이유는 무엇인가   6. 자유란 무엇인가
7. 자유를 위한 희생양은 누구인가   8. 우리는 자유롭고 또 편안할 수 있는가
9. 자유는 어디까지 해줄 수 있는가   10. 우리는 언제 자유로운가
11. 자유로울 수 있는 조건은 무엇인가   12. 자유로운 시기는 언제인가
13. 우리는 자유에 대하여 무엇을 배우는가   14. 우리는 항상 자유로울 수 있는가
15. 이제, 자유의 억압 시대는 지나갔는가   16. 자유는 무엇을 주는가
17. 자유에 도달하는 비밀의 문은 있는가   18. 우리는 자유를 누릴만한가
19. 자유, 우리가 부끄러워해야 할 것은 무엇인가   20. 우리, 정말 자유를 원하는가

3

오늘, 세상의 부정의와 부도덕에 눈물짓는 사람에게
어느 오후 스쳐지나는 바람이 들려주는 이야기

1. 정의는 누구를 위해 존재하는가 2. 정의는 무엇을 할 수 있는가
3. 우리는 정말로 정의롭게 될 수 있는가 4. 정의란 무엇인가
5. 정의는 항상 우리 편인가 6. 정의는 악인가 선인가
7. 정의와 법 중 어느 것이 우선인가 8. 정의는 아직 살아 있는가
9. 정의는 변명될 수 있는가 10. 누가 게으른 정의를 깨우겠는가
11. 도덕이 우리에게 도움이 되는가 12. 우리는 도덕적인가, 어리석은가
13. 우리는 도덕을 지켜야 하는가 14. 우리는 도덕적으로 성숙한가
15. 힘 있는 자들은 왜 도덕적이지 않은가 16. 도덕은 어떻게 탄생되는가
17. 우리는 누구에게 도덕을 배우는가 18. 우리에게 도덕을 가르칠 수 있는 자가 있는가
19. 우리 교육은 도덕을 제대로 가르치고 있는가 20. 도덕 교육은 언제가 좋은가

4

오늘, 자신의 무력함에 좌절하는 사람에게
어느 오후 스쳐지나는 바람이 들려주는 이야기

1. 국가는 나를 보호하는가 2. 우리는 국가를 믿을 수 있는가
3. 우리는 국가를 위해 희생해야 하는가 4. 국가는 이대로 참을 만한가
5. 국가는 배반하지 않는가 6. 국가는 우리의 평등을 지켜줄 것인가
7. 국가를 이용할 것인가, 변화시킬 것인가 8. 권력은 왜 초라한가
9. 권력은 우리에게 무엇을 주는가 - 1 10. 권력은 우리에게 무엇을 주는가 - 2
11. 권력자는 뛰어난 자인가, 사기꾼인가 12. 우리는 조금 다른 권력자가 될 수 있는가
13. 우리는 권력 상태에 도달할 수 있는가 14. 부는 어디까지 윤리적인가
15. 부의 소유권은 누가 가지는가 16. 부와 빈곤의 적절한 차이는 어느 정도인가
17. 부는 선인가 악인가 18. 우리가 추구하는 것은 명예를 위한 명예는 아닌가
19. 명예에는 어떤 업적이 필요한가 20. 명예를 위해 사는가, 명예롭게 사는가

5

오늘 갑자기 신이 원망스러운 사람에게
어느 오후 스쳐지나는 바람이 들려주는 이야기

1. 신은 우리에게 꼭 필요한가 2. 신은 우리에게 무엇을 주는가
3. 신은 자비로울 필요가 있는가 4. 신에게 모든 것을 맡기면 되는가
5. 신은 평등을 원하는가 6. 신은 항상 우리를 돌보고 있는가
7. 신이 원하는 것은 무엇인가 8. 신은 이미 죽었는가
9. 신은 정말로 공평한가 10. 신은 우리를 사랑하는가
11. 신이 있는데 왜 모두 선하게 되지 않는가 12. 신은 악한 자를 정말 용서하는가
13. 신은 약자 편인가, 강자 편인가 14. 신은 우리를 위로해 주는가
15. 신이 우리를 창조했는가, 우리가 신을 창조 했는가 16. 우리는 신에 대하여 얼마나 알고 있는가
17. 신은 완전한 인간을 원하는가 18. 신은 아름다울 수 있는가
19. 신이 우리와 다른 점은 무엇인가 20. 신은 우리에게 무엇을 원하는가

6

오늘 갑자기 나란 존재가 무엇인지 혼란스러운 사람에게
어느 오후 스쳐지나는 바람이 들려주는 이야기

1. 존재는 죽음과 함께 소멸하는가 2. 존재는 시간에 부자유한가
3. 존재는 우열이 있는가 – 1 4. 존재는 우열이 있는가 – 2
5. 존재는 가벼운가, 무거운가 6. 존재는 어떤 색인가
7. 존재는 그렇게 허무하게 사라지는가 8. 존재가 드러내는 것들은 유인가 무인가
9. 존재로부터의 탈출은 가능한가 10. 존재와 무는 서로 대립하는가
11. 우리는 존재의 이유를 찾아야 하는가 12. 우리는 존재에 대하여 알고 있는가
13. 존재는 무엇을 통하여 인식되는가 14. 우리는 존재를 버릴 용기가 있는가
15. 존재는 우리에게 무엇을 주는가 16. 존재는 불변인가 항변인가
17. 존재는 가능인가 불가능인가 18. 존재는 누가 창조하는가
19. 존재는 불행의 근원인가, 행복의 근원인가 20. 우리는 실제 존재의 이야기를 듣는가

7

오늘, 무엇이 옳은 것인지 흔들리는 사람에게
어느 오후 스쳐지나는 바람이 들려주는 이야기

1. 진리는 언제 우리에게 다가오는가 2. 진리는 어디에 머물고 있는가
3. 진리는 무엇으로 판단하는가 4. 진리는 왜 침묵하는가
5. 진리는 정말 유익한가 6. 진리는 어려운 것인가, 쉬운 것인가
7. 진리는 항상성을 지니는가 8. 진리는 특별한 것을 주는가
9. 진리는 어떻게 전달되는가 10. 진리에 이르지 못하게 하는 것들 - 1
11. 진리에 이르지 못하게 하는 것들 - 2 12. 진리에 이르지 못하게 하는 것들 - 3
13. 진리에 가깝게 도달한 증거는 무엇인가 14. 진리는 우리에게 어떤 도움이 되는가
15. 진리는 무거운가 가벼운가 16. 진리는 시간에 따라 불변하는가
17. 진리가 지켜주는 것은 무엇인가 18. 진리에 도달하기 위한 마지막 관문은 무엇인가
19. 진리와 존재는 무엇이 더 중요한가 20. 진리에 도달하는 방법은 무엇인가

8

오늘, 세상의 불공정함으로 슬퍼하는 사람에게
어느 오후 스쳐지나는 바람이 들려주는 이야기

1. 평등은 우리에게 이익인가 손해인가 2. 평등은 자유정신을 억압하는가
3. 평등의 대상은 어디까지인가 4. 평등한 우리는 행복한가
5. 평등은 어떻게 유지되는가 6. 평등을 바라는 자와 바라지 않는 자
7. 평등을 향한 허영심 -1 8. 평등을 향한 허영심 -2
9. 우리는 평등을 누구에게 양보할 수 있는가 10. 우리에게 평등을 가르치는 자가 있는가
11. 평등과 신념은 조화로운가, 상충하는가 12. 완전한 평등은 가능한가
13. 평등은 아름다운가, 평범한가 14. 평등 속에 숨다.
15. 평등은 이룰 수 없는 꿈인가 16. 평등에 도달하는 방법은 무엇인가
17. 평등은 주어지는 것인가, 투쟁하는 것인가 18. 평등으로부터의 휴식은 가능한가
19. 평등에 동정이 필요한가 20. 우리는 평등을 존중하는가 경멸하는가

9

오늘, 죽음의 두려움이 밀려오는 사람에게
어느 오후 스쳐지나는 바람이 들려주는 이야기

1. 죽음을 연극하다 2. 죽음은 언제 시작하는가
3. 죽음의 범위는 어디까지인가 4. 죽음은 두려운 것인가
5. 죽음에 이르게 하는 것 6. 죽음을 피하기 위한 방황
7. 삶과 죽음의 경계는 어디에 있는가 8. 죽음이 부를 때 무엇을 해야 하는가
9. 죽음의 실체는 무엇인가 10. 죽음을 위한 연습이 필요한가
11. 죽음의 위력 앞에 무엇을 할 수 있는가 12. 우리는 죽음을 고귀하게 맞을 수 있는가
13. 죽음의 공포는 극복 가능한가 14. 죽음에 어떤 비밀이 있는가
15. 죽음과 이성은 서로 모순인가 16. 죽음은 어떤 가치를 가지는가
17. 죽음으로 잃는 것과 얻는 것은 무엇인가 18. 죽음의 비밀에 설레는가
19. 죽음이 변화시키는 것은 무엇인가 20. 죽음은 어떻게 시작되는가

10

오늘, 견디기 힘든 하루를 보낸 사람에게
어느 오후 스쳐지나는 바람이 들려주는 이야기

1. 비극적 확신 2. 삶의 혼동과 무질서
3. 예정된 삶의 위험성 4. 우아함의 소유
5. 우아한 자들의 악취 6. 예술적 관조의 공과
7. 의지의 분열 8. 의지 분열로부터의 출구
9. 나에 대한 오류 10. 어지러움
11. 억압의 수단 12. 위장된 도덕과 절대적 도덕
13. 파괴적 지식 14. 파멸의 징후
15. 삶의 오류에의 저항 16. 창조적 힘
17. 은밀한 의도 18. 철학적 사유의 빈곤함
19. 삶의 목적 20. 사람들의 소음

11

오늘 갑자기 내가 왜 사는지 의문이 드는 사람에게
어느 오후 스쳐지나는 바람이 들려주는 이야기

1. 묵언   2. 진정한 교육자
3. 교육의 역할   4. 우리 시대의 교육자
5. 통합 세계   6. 초자연 통합 세계
7. 마취된 세계로부터 깨어남   8. 박식한 학자들의 어리석음
9. 집합적 지식의 위험성   10. 존경하는 학자, 교육자들의 맹신
11. 사람들과의 관계   12. 가장 심각한 나태함
13. 절대적 강자, 삶의 인도자   14. 자아 상실자
15. 자신의 진정한 독립과 통일자   16. 고귀한 자의 특징
17. 강자들의 고귀한 사명   18. 고귀한 자와의 만남
19. 권력에의 의지로부터의 자유   20. 미(美)의 근원

12

오늘, 새로운 나를 만들려 시도하는 사람에게
어느 오후 스쳐지나는 바람이 들려주는 이야기

1. 이상의 세계   2. 제 3의 탄생
3. 세가지 발견   4. 음악과 감성
5. 감성의 창조를 위한 조건   6. 존재 탐구의 즐거움
7. 자기 인식의 문   8. 인식 철학의 위험성
9. 철학의 초보자   10. 미학과 아름다움
11. 인도자의 사유 창조   12. 우리 시대 문학과 철학의 착각
13. 세가지 작가 의식   14. 시인의 거짓말
15. 시의 본질   16. 즐거운 본능
17. 억압된 의지적 본능의 회복과 자유인으로의 탄생   18. 우리의 철학
19. 절대적 철학의 준비   20. 즐거운 지식

13

오늘 하루 종일 편안함이 그리웠던 사람에게
어느 오후 스쳐지나는 바람이 들려주는 이야기

1. 철학자들의 비밀 노트   2. 쾌활성과 명랑성
3. 명랑함의 표식   4. 젊음의 본질
5. 새로운 가치   6. 회복력과 항상성
7. 사유 통합에의 의지   8. 소극적 자유와 적극적 자유
9. 적극적 자유에의 방해물   10. 문명의 발전과 인간의 겸손
11. 시간으로부터 자유로운 존재   12. 절대 존재의 탐구
13. 연약한 철학   14. 위대한 철학의 탄생
15. 미(美)의 본질   16. 미의 세가지 원리
17. 위대한 정신의 탄생   18. 침묵의 효용
19. 시끄러운 침묵   20. 인식의 투명성

14

오늘, 세상에 대해 숨이 막힐듯한 답답함을 느끼는 사람에게
어느 오후 스쳐지나는 바람이 들려주는 이야기

1. 시간의 작용   2. 시간의 세가지 본질
3. 시간 유한성으로부터의 탈출   4. 시간의 1차, 2차 독립: 시간의 인식론적 사유
5. 시간의 무화(無化)와 존재의 불확실성(不確實性)   6. 변화 공간의 피안(彼岸)
7. 시간사유철학 (時間思惟哲學)   8. 시간과 존재의 역류(逆流)
9. 인식공간(認識空間)과 그 특성   10. 존재와 인식 공간
11. 인식 방정식   12. 통일 인식 공간
13. 사유의 범람과 새로운 질서   14. 새로운 질서로의 길
15. 억압으로부터의 자유   16. 억압적 질서의 해체를 위한 시도
17. 무질서(無秩序)의 자유정신(自由精神)을 위하여

15

오늘 아무것도 결정하지 못하고 밤을 맞은 사람에게
어느 오후 스쳐지나는 바람이 들려주는 이야기

1. 인식의 세가지 단계 2. 오인(誤認)
3. 수용적 변화와 창조적 변화 4. 반사회적 동물
5. 집단 중심적 삶의 세가지 과(過) 6. 인류 생존의 역사
7. 인식에서 행동으로 8. 비발디적 명랑함
9. 의지의 부정 10. 어리석은 현명함
11. 겸손의 문 12. 고귀한, 그리고 인간적인
13. 노예의 투쟁과 자유인의 투쟁 14. 의지의 변형과 통합
15. 자연 상태와 식물원 16. 신(神)이 사랑하는 자(者)
17. 존재(存在)의 실체(實體) 18. 참과 진리
19. 삶의 황폐함 20. 인도자를 위한 지식

16

오늘 하루 종일 다른 사람 따라 하다 지쳐버린 사람에게
어느 오후 스쳐지나는 바람이 들려주는 이야기

1. 인간의 본성 2. 실존의 본질
3. 처세술과 심리학 4. 남성적인 취향
5. 인간적인 자의 특징 6. 도덕의 파괴, 그리고 재건
7. 실존 철학과 인식 철학 8. 사유(思惟)의 세계
9. 숭고한 자를 기다리며 10. 가치의 재건 그리고 자유 정신의 회복
11. 나태함과 무지함 12. 도서관속 위인들의 허구(虛構)
13. 삶에서의 창조의 의미 14. 삶의 성찰과 창조적 의지
15. 젊음의 위장술과 무의지 16. 새로운 탄생을 위한 준비의 시간
17. 신(神)의 본성(本性) 18. 신(神)의 부활

17

오늘, 이 생각 저 생각에 잠 못 드는 사람에게
어느 오후 스쳐지나는 바람이 들려주는 이야기

1. 지식의 공과   2. 진리에의 길   3. 자연스러움과 편안함
4. 알지 못하는 것들   5. 미래의 즐거움   6. 즐거운 삶
7. 즐거운 외로움   8. 목마름과 철학   9. 사려 깊음
10. 꽃을 보며 봄을 깨닫다   11. 삶의 세가지 즐거움   12. 바로 보지 못하는 것들
13. 선택 받는 소수   14. 과거를 창조함   15. 타자(他者)의 아픔
16. 최대의 적   17. 생각을 멈추다   18. 실패의 이유
19. 즐거움의 실제적 의미   20. 철학의 모순에 대한 책임   21. 공간적 사유
22. 삶의 평온함   23. 타인의 자유   24. 멈춤 그리고 천천히 봄
25. 존재의 수레 바퀴   26. 어둠에서 벗어나는 법   27. 끊임없는 자신을 향한 탐구 그리고 진리
28. 나이 듦에 대한 고찰   29. 침묵하는 다수   30. 실존과 투쟁
31. 숭고한 삶을 향한 모험

18

오늘, 약자의 우울에서 벗어나 편안해지고 싶은 사람에게
어느 오후 스쳐지나는 바람이 들려주는 이야기

1. 초라함   2. 아름다움   3. 설렘   4. 욕망
5. 혼돈   6. 불안   7. 흔들림   8. 중압
9. 자기 모순   10. 슬픔   11. 격정   12. 순수
13. 허무   14. 상심   15. 만족   16. 불일치
17. 외로움   18. 느낌   19. 고갈   20. 변심
21. 감성 대립   22. 비겁   23. 감성 나침반   24. 휴식
25. 감성 존재   26. 무력(無力)   27. 불안의 이유   28. 망각을 위한 연습
29. 감정과 감성   30. 경멸   31. 인내   32. 불확실성
33. 희생   34. 자신답게 그리고 인간답게   35. 흐릿함   36. 조화

19

오늘, 자기 감정을 차분히 조절하고 싶은 사람에게
어느 오후 스쳐지나는 바람이 들려주는 이야기

1. 감성에서 타자(他者)의 역할 2. 감성의 지속 시간 3. 경이로움 4. 감성의 격류
5. 감성 기준 6. 감성 준비 7. 감성을 위한 연습 8. 치장
9. 감정적 시야 10. 그리움 11. 호기심 12. 호의
13. 친구 14. 시인들의 무덤 15. 감성적 설득법 16. 변명
17. 시기심 18. 우아함 19. 휴식의 유용성 20. 정신적 사기꾼
21. 변화에 대한 오류 22. 거절당한 자들의 이기심 23. 미소 24. 감성적 오류
25. 숭고함 26. 착각 27. 걱정 28. 무관심
29. 젊음이 잘 할 수 없는 것들 30. 우정 31. 변심 32. 역설
33. 함께 휴식할 수 있는 자 34. 모방 35. 고립 36. 정다움

20

오늘, 어느 젊은 날의 여름 감성을 다시 찾고 싶은 사람에게
어느 오후 스쳐지나는 바람이 들려주는 이야기

1. 조용한 휴식 2. 바람의 느낌 3. 가슴 뜀 4. 아침 노을 후에 5. 초승달의 슬기로움 6. 만듦
7. 비 오는 여름 늦은 오후 시샘 8. 돌아봄 9. 시간의 피안(彼岸)에 서서 10. 오후의 수목(樹木)과의 동화(同化)
11. 서두르지 않음 12. 작은 마음 13. 부동의 부드러움 14. 서늘한 여름 저녁 노을 같이 15. 지침
16. 작은 돌 위의 빗방울 처럼 17. 어둠 18. 어느 여름 아침의 강인함 19. 회복 20. 변화 21. 기다림
22. 어지러움 23. 비굴 24. 고독 25. 평온 26. 이중성 27. 어떤 두근거림 28. 힘듦 그리고 즐거움
29. 드러남 30. 허무 31. 충만 32. 겹침 33. 가벼움 34. 나른함 35. 상심 36. 무지 그리고 두려움 37. 혼동
38. 따뜻함 39. 허위 40. 길을 잃은 듯한 느낌 41. 생성 42. 투명함 43. 동경(憧憬) 44. 망각 45. 서성임
46. 위로(慰勞) 47. 아득함 48. 안심(安心) 49. 시선 50. 진리 51. 그리움 52. 차가운 아름다움 53. 기억
54. 시간 느낌 55. 나를 느낌 56. 공평 57. 무색(無色) 58. 으스름함 59. 의문 60. 미덕(美德)
61. 중독 62. 비밀 63. 오인 64. 순수 65. 뜨거움 66. 경쾌함 67. 망설임 68. 한가로움 69. 무이(無異)
70. 정다운 가슴 뜀 71. 무력(無力) 72. 자유로움

21

오늘, 세상의 불공평함으로 삶에 자신이 없는 사람에게
어느 오후 스쳐지나는 바람이 들려주는 이야기

1. 평등을 위해서는 냉철한 분노가 필요하다
2. 서로 같아지면 득실도 없어진다
3. 나 혼자 자유로운 건 오히려 슬픈 일이다
4. 서로 같음에는 그럴만한 대상이 따로 있지 않다
5. 평등을 가장하면 행복도 가장한다
6. 우월함으로 허영적인 인간은 사실 가장 노예적이다
7. 누군가에 평등을 맡기느니 신에게 목숨을 맡기겠다
8. 평등을 가르칠 수 있는 자는 신만큼 가치 있는 자이다
9. 행동하지 않는 평등은 복종하는 것이다
10. 평등은 인간이 할 수 있는 가장 신적인 일이다
11. 신이 평등이 아니라 평등에의 의지만 준 것은 의도된 것이다

22

오늘, 생각대로 자유롭게 살 수 없음을 상심하는 사람에게
어느 오후 스쳐지나는 바람이 들려주는 이야기

1. 자유는 그것을 필연으로 만드는 자에게만 허락된다.
2. 자유는 가슴 뜀을 위해 불편함과 노동을 일부러 선택하는 것이다.
3. 자유는 아무것도 해주지 않지만 의지가 가미되면 마법이 시작된다.
4. 자유의 땅에 도착하기 어려운 것은 잘못된 표지판도 한몫한다.
5. 자유의 정도는 그 선택의 숫자에 비례한다.

23

오늘, 부조리와 부당함으로 세상을 원망하는 사람에게
어느 오후 스쳐지나는 바람이 들려주는 이야기

1. 정의를 위한 첫걸음은 정의로 가장한 자들을 찾아내는 것으로 시작한다.
2. 세상 모든 남을 정의롭게 하느니 세상 모든 나만 정의로워지면 된다.
3. 자기만을 자꾸 하면 어느 날 깨어났을 때 벌레가 되어 있을 것이다.
4. 도덕은 깨어있는 정신의 공존적 행복에의 의지이다.

24

오늘, 무언가 이루지 못해 슬퍼하는 사람에게
어느 오후 스쳐지나는 바람이 들려주는 이야기

1. 국가를 위해 개인이 희생하는 나라 중 퇴락하지 않는 나라는 없다.
2. 국가의 최대 역할은 힘의 균형을 맞추는 것이다.
3. 권력은 자신이 무섭다고 생각하지만 사람들은 우습다고 생각한다.
4. 진정한 권력은 중력과 같이 아무것도 없어도 만물을 다스린다.
5. 부자는 돈이 많다는 것, 그것뿐이다.
6. 부의 작은 특권은 악마도 천사도 될 수 있다는 것이다.
7. 명예를 위해 살면 명예롭지 않다

25

오늘 갑자기 세상이 무엇으로 이루어져 있는지 궁금한 사람에게
어느 오후 스쳐지나는 바람이 들려주는 이야기

1. 존재의 세계
1-1. 존재의 선형 세계   1-2. [반존재]의 선형 세계   1-3. 존재와 [반존재]의 선형 세계

2. 의지의 세계
2-1. 의지의 선형 세계   2-2. [반의지]의 선형 세계   2-3. 의지와 [반의지]의 선형 세계

3. 인식의 세계
3-1. 인식의 선형 세계   3-2. [반인식]의 선형 세계   3-3. 인식과 [반인식]의 선형 세계

26

오늘 갑자기 세상 일의 원리와 근원이 궁금한 사람에게
어느 오후 스쳐지나는 바람이 들려주는 이야기

1. 수평적 평면 세계
1-1. 존재와 의지의 평면 세계   1-2. 존재와 [반의지]의 평면 세계
1-3. [반존재]와 의지의 평면 세계   1-4. [반존재]와 [반의지]의 평면 세계

2. 수직적 평면 세계
2-1. 의지와 인식의 평면 세계   2-2. 의지와 [반인식]의 평면 세계
2-3. [반의지]와 인식의 평면 세계   2-4. [반의지]와 [반인식]의 평면 세계
2-5. 존재와 인식의 평면 세계   2-6. 존재와 [반인식]의 평면 세계
2-7. [반존재]와 인식의 평면 세계   2-8. [반존재]와 [반인식]의 평면 세계

27

오늘 갑자기 내가 모르는 숨겨진 다른 세상을 알고 싶은 사람에게
어느 오후 스쳐지나는 바람이 들려주는 이야기

1. 인식 세계
  1-1. 존재-의지-인식 공간 세계
  1-2. [반존재]-의지-인식 공간 세계
  1-3. 존재-[반의지]-인식 공간 세계
  1-4. [반존재]-[반의지]-인식 공간 세계

2. [반인식] 세계
  2-1. 존재-의지-[반인식] 공간 세계
  2-2. [반존재]-의지-[반인식] 공간 세계
  2-3. 존재-[반의지]-[반인식] 공간 세계
  2-4. [반존재]-[반의지]-[반인식] 공간 세계

여덟 개의 세상

28

오늘 갑자기 자신을 매력 있게 만들고 싶은 사람에게
어느 오후 스쳐지나는 바람이 들려주는 이야기

명예 / 순수함 / 매력 / 어둠 / 배움 / 진실 / 자기 만들기 / 고귀함 / 어제 / 굳건함
숭고함 / 목표 / 행동 / 창작 / 자존 / 무심 / 기만 / 과거 / 배우 / 설득
자기 세계 / 개별 진리 / 겸허 / 학자 / 교제 / 평온함 / 탁월함 / 다름 / 유연함
자기철학 / 방향(芳香) / 숙독 / 제3의 탄생 / 확고함 / 겸손 / 자기 형상화 / 독서 / 동화 / 용기
청빈 / 가난 / 견지(堅持) / 먼 꿈 / 명랑함 / 젊음 / 공평 / 자유 / 쟁취 / 가라앉힘
냉철함 / 강함 / 수용 / 호감 / 가르침 / 고독 / 타인 행복 / 죽음 / 평온함 사람을 목적함 / 무질서적 다양함

131

29

오늘 갑자기 무엇을 목표로 살아야 하는지 알고 싶은 사람에게
어느 오후 스쳐지나는 바람이 들려주는 이야기

휴식 / 시간 모우기 / 오류 / 단념 / 돌아보기 / 수정 / 변화 / 단순함 / 정리 / 평온함 / 기다림 / 자유 / 또 다른 탄생 / 냉철한 분노
타인을 위함 / 감동 주기 / 존중 / 길 찾기 / 나 찾기 / 나 만들기 / 바라지 않음 / 변함없음 / 물러섬 / 자기창조 / 자유 주기 / 나눔
두려워하지 않음 / 세상을 바꿈 / 여유로움 / 현명하지 않음 / 어리석음 / 무항 / 오감 / 고개 숙임 / 깊음 / 탓하지 않음
사람을 움직임 / 나를 봄 / 옅게 화장함 / 다투지 않음 / 낮은 곳에 위치함 / 불평하지 않음 / 너그러움 / 자유를 줌 / 달을 봄 / 강함
/ 눈을 뜸 / 독립 / 멀리 봄 / 나를 바꿈 / 무아 / 개별 의지 / 소탈함 / 다르지 않음 / 동질감 / 멈추지 않음 / 선한 강자 / 행동
한가로움 / 독창성 / 감성 / 자기 통합 / 매일 아침을 얻음 / 따라 하지 않음 / 정진 / 공평 / 선구자 / 행복을 줌 / 기다림 / 인지
의지(意志) / 숭고함 / 감내 / 회귀 인식 / 구별 / 방향 / 평가 / 멈춤 / 순서 / 서두르지 않음 / 드러냄 / 판단 / 시인 / 자전거 / 믿음
신뢰 / 적은 욕심 / 너그러움 / 이행 / 겸허 / 기세 / 작은 깨우침 / 흘려 보냄 / 진실 / 편한 마음 / 득실 / 욕심 줄이기 / 진실 /
앎 / 걱정하지 않음 / 마음에 두지 않음 / 거절 / 외로움 / 받아들임 / 여행 / 연민 / 실체 / 예비 / 성숙 / 고귀함 / 자숙 / 시선
여정 변경 / 그만두기 / 편안함 / 모르기 / 알기 / 선택 / 거미줄 끊기 / 역설 이해 / 아님 / 오후 산책 / 따뜻함 / 긍정 / 지관(止觀)
비판하지 않음 / 탈바꿈 / 성공 / 같이 감 / 다름 / 동등감 / 실증 / 평범함 이해 / 단정(斷定)하지 않음 / 친구 / 기억 / 수레 타기
시작 / 젊음 / 이해 / 마음 두둑함 / 다시 시작

30

오늘 갑자기 자신의 지식을 깊은 지혜로 바꾸고 싶은 사람에게
어느 오후 스쳐지나는 바람이 들려주는 이야기

미소 / 꿈 찾기 / 가난한 부자 / 많은 것을 봄 / 자기 것을 봄 / 설렘 / 만족 / 감성 / 겸허 / 설득 / 자기를 키움 / 밝음
인간적임 / 돌진 / 표출 / 소년 / 강자 / 오래된 자기 / 잃지 않음 / 약자 / 해독 / 나를 믿게 함 / 안도감 / 납득 / 자기 노출
가식 / 자기 채우기 / 변심 / 자격 / 솔직함 / 나침반 / 감성 / 비웃음 / 탈출 / 감성 확장 / 자존감 / 자존감 버리기
인내심 / 오늘 / 작아짐 / 철퇴 / 자신다움 / 상심 / 호감 / 사람 지향 / 그릇 키우기 / 오래 달리기 / 아침 감성 / 평상심
오랜 경험 만들기 / 약간의 꾸밈 / 그리움 / 직시 / 멀리 가지 않음 / 반론 / 내일 / 존중 / 멋짐 / 감성 휴식 / 미로 탈출
자기 탈출 / 거절 / 자기 불평 / 수긍 / 비난하지 않음 / 원점 / 무심 / 본받음 / 빚음 / 친밀 / 변덕 / 만남 / 인연 / 인지
공정함 / 기분 전환 / 우울 치유 / 시련 / 역동성 / 숭고함 / 운명 / 평정심 / 실패 / 무소유 / 절망 / 결정 / 부동심 / 밝음
절망하지 않음 / 회복 / 지각 / 슬픔 / 굴욕 / 고독 / 즐거움 / 묵언 / 꿈 찾기 / 자기 지배 / 극대 / 허무함 / 가치 기준 / 분리
비상 / 수수함 / 무심 / 투시 / 창작 / 겨울 / 후회 / 산을 자기 편으로 함 / 방황 / 기다림 / 무색 / 균형 / 먼지 / 감내 / 재연
등반 / 희망 / 도피 / 관조 / 진실 / 존재 / 의연함 / 적절함 / 정결함 / 후각 / 기품 / 치유

31

오늘 갑자기 오랜 시간 후 내게 무엇이 남을지 궁금한 사람에게
어느 오후 스쳐지나는 바람이 들려주는 이야기

일상 / 침착함 / 매력 / 유혹 / 멋진 인정 / 내면 / 진화 / 거래 / 자질 / 방향(放香) / 무향 / 빛음 / 지성 / 깊음 / 보존 / 감내
주고받음 / 맞섬 / 무감각 / 냉철함 / 뺄셈 / 덧셈 / 나눗셈 / 곱셈 / 도전 / 현실 / 오늘 / 깨달음 / 부자유 / 자유 사용 / 권리
생각 / 채비 / 자격 / 아우름 / 식별 / 결의 / 외면 / 목적 / 유효기간 연장 / 근원 인식 / 경계 / 분노 / 징벌 / 불손 / 기개 / 공격
비범 / 자태 / 삼감 / 온화함 / 정결 / 실제 달라짐 / 행복을 배움 / 기억 / 합당함 / 기원(起源) / 구축 / 일임(一任) / 불신
분별 / 자리 낮추기 / 우울 치료 / 복원 / 손익 / 점등 / 담력 / 깨어남 / 평범 / 회복 / 자존감 / 공유 / 증여 / 부자
바라지 않음 / 자족 / 쌓기 / 명예 / 의욕 / 역할 / 자격 / 자기 발견 / 개별의지 / 독립 / 자립 / 인간다움 / 배신하지 않음
만족 / 인지 / 용기 / 선악 / 용서 / 굳셈 / 염치 / 사람의 행복 / 부족 수긍 / 평상심 / 구제 / 길을 찾음 / 자기 창조 / 묶음
속도 맞춤 / 비슷함 / 발견 / 동류 / 무중력 / 조색(調色) / 선함 / 결행 / 가린 것을 거둠 / 무념 / 회귀(回歸) / 문제 / 실재
온화함 / 역경 / 진화 / 벗어남 / 대상 창조 / 자각 / 수용함 / 눈사람 / 납득 / 무익 / 개별 행복 / 무난함 / 자존 / 오만 / 책
기백 / 파괴 / 평온 / 묵언 / 나 / 탈출 / 순서 / 소설 / 사소함 / 지혜 / 자유 / 손익 계산 / 우정 / 생명 무차별 / 공평 / 정체
인간적임 / 내실 / 존경 / 어른 / 후퇴 / 악마의 꿈 / 더 수월함 / 자존감 / 공평 / 권리 / 동질감 / 배우고 익힘 / 냉철함
비슷함 / 가장하지 않음 / 함께함 / 선함 / 결의 / 용서 / 필연 / 타인 지향 / 점잖지 않음 / 복종 / 경작 / 부자유
행복한 목표 / 의지 / 산책 / 저항 / 탁월함 / 지성 / 목표 수정 / 인지 / 올바름 / 독립 / 거부 / 활용 / 달관 / 성공 / 교만
부자 / 궤적 / 결정 / 행복한 죽음 / 무아 / 마중 / 기억 만들기 / 몰두 / 마음 먹기 / 준비 / 둘러맴 / 마무리 / 삶

오늘 아무것도 결정하지 못하고 밤을 맞은 사람에게
어느 오후 스쳐지나는 바람이 들려주는 이야기

개정판 ‖ 2022년 12월 15일
지은이 ‖ 김주호
펴낸곳 ‖ 지성과문학
TEL   ‖ 031-707-0190
가격   ‖ 29,000원

ISBN   979-11-94648-05-5 (03100)

이 책은 지성과문학사의 지적 재산으로서 무단 전재와 복제를 금합니다.

오늘 아무것도 결정하지 못하고 밤을 맞은 사람에게
어느 오후 스쳐지나는 바람이 들려주는 이야기

인생에서 무언가 중요한 결정을 앞둔 사람을 위한 책